Ute Zander

Ich schaffe, was ich will!

Das Buch

„Schwäche versetzt Berge. Nur weil David dazu steht, dass er klein und schwach ist, findet er andere, bessere Lösungen. Heute kämpfen wir zwar nicht mehr gegen die Philister, aber fühlt sich die Ohnmacht, in einem verfahrenen Konflikt mit einem Kollegen zu stecken, nicht manchmal genauso an? Wenn Sie wie David vorgehen, dann hören Sie auf, sich zu verteidigen und sich zu rechtfertigen. Finden Sie stattdessen den Mut, den Konflikt mit dem Kollegen offen anzusprechen. Wenn Sie die richtige Methode wählen, werden Sie mit Sicherheit erfolgreich sein. Mit diesem Buch möchte ich Sie dazu einladen, Ihre eigene Steinschleuder zu bauen." Ute Zander

Leistungsdruck im Beruf. Zoff im Privaten. Ute Zander erklärt, wie Sie aus Ihren Schwächen Stärken machen und so lernen, Konflikte konstruktiv zu lösen und negative Gefühle besser zu verarbeiten – nach dem Vorbild des kleinen David gegen den großen Goliath. In fünf Schritten zeigt das Buch, wie man mit Angst, Erschöpfung und Wut umgeht, neue Wege beschreitet und die gewonnenen Erfahrungen sinnvoll nutzt.

Die Autorin

Ute Zander, geb. 1962, ist Psychologin, Coach und Mediatorin und kennt das Leben mit all seinen Schwierigkeiten. Die zweifache Mutter und ehemalige Taxifahrerin berät Mitarbeiter und Unternehmen in Konfliktsituationen, in denen viel auf dem Spiel steht. Mehr über die Autorin unter: www.utezander.de.

Ute Zander

Ich schaffe, was ich will!

Wie Sie aus Ihren Schwächen Stärken machen

[handschriftliche Notizen:]

IST – Analyse
GW – Frag S. 21

Energiefass S. 26

Anerkennung,
Wertschätzung, S. 22
Hunger noch
Bewertung S. 28

HERDER

FREIBURG · BASEL · WIEN

HERDER spektrum – Band 6417

Titel der Originalausgabe:
Das David-Geheimnis – Schwierige Situationen meistern
Copyright © 2010 Orell Füssli Verlag AG Zürich

© Verlag Herder GmbH, Freiburg im Breisgau 2012
Alle Rechte vorbehalten
www.herder.de

Umschlagkonzeption: Agentur RME Roland Eschlbeck
Umschlaggestaltung: Verlag Herder
Umschlagmotiv: © Interfoto/imagebroker

Herstellung: fgb · freiburger graphische betriebe
www.fgb.de

ISBN 978-3-451-06417-3

Inhaltsverzeichnis

Vorwort: David gegen Goliath

Mit großen Schritten wanderte König Saul im Saal der Ratsversammlung nervös auf und ab. Seine Minister saßen derweil am großen runden Tisch und beobachteten ängstlich ihren Vorgesetzten. Seine Wutausbrüche waren gefürchtet und die momentane Stimmung im Saal zum Zerreißen gespannt.

Alle warteten schon seit einer Stunde auf David, den Aushilfs-Hirten aus dem Hinterland. Auf ihn setzte der König seine ganze Hoffnung. Wenn David den Kampf gegen den Riesen Goliath nicht aufnehmen würde, waren sie alle verloren.

«Ich war ja von Anfang an dagegen, so einen unerfahrenen Hirten zu nehmen», zischte der eine Minister dem anderen zu. «Wie kann man gerade jetzt, wo es um Leben und Tod des Volkes Israel geht, so eine wichtige Sache aus der Hand geben?» «Das hab ich gehört», schrie König Saul laut auf und marschierte in riesigen Schritten auf seine beiden Mitarbeiter zu, «aber ich bin Eure sinnlosen Ratschläge schon lange leid. Während der ganzen Zeit habt ihr nicht einen vernünftigen Vorschlag gemacht, und jetzt, wo ich endlich …» Er konnte den Satz nicht zu Ende sprechen, denn in diesem Moment stießen die Wachen die Tür auf. Mit einem Ruck blickten alle auf einmal zur Tür. Da stand er, David der Hirte. Klein, schmächtig, mit einem fröhlichen Lächeln im Gesicht und einem zerlumpten Umhang um die Schultern. «Guten Tag, alle zusammen», setzte David an, «ich bin gekommen, um den Riesen Goliath zu erschlagen.» «Willkommen», rief der König erleichtert, «du bist also derjenige, der als Einziger im ganzen Land den Mut hat, gegen die Philister und ihren Riesen Goliath anzutreten. Setz dich und ruh dich erst einmal von der langen Reise aus.»

Einige Zeit später hatten die Mitglieder der Ratsversammlung David die Lage erklärt.

Schon seit Monaten versuchten sie, die Philister aus ihrem Land zu vertreiben. Mitten im Kampf war dann plötzlich der Krieger Goliath aus den Reihen hervorgetreten. Selbst die mutigsten Soldaten schreckten vor ihm zurück, denn mit seinem riesigen Schwert war er furchterregend anzusehen. Er schlug den israelischen Kriegern einen Deal vor: «Wenn sich einer von euch traut, gegen mich allein zu kämpfen, und mich besiegt, sollt ihr den Krieg gewonnen haben. Gewinne ich, dann habt ihr den Krieg verloren, und ihr werdet alle unsere Gefangenen sein.» Doch keiner der Soldaten fand den Mut, den Kampf gegen Goliath aufzunehmen. König Saul schickte Boten ins ganze Land – irgendwo musste es doch jemanden geben, der bereit war, sich dieser Herausforderung zu stellen. Vergeblich, niemand meldete sich. Mit Ausnahme von David.

«Ich brauche keine Rüstung», wehrte sich David. Schon seit einer halben Stunde redeten sämtliche Minister auf ihn ein, er möge sich, wenn er schon so klein und schmächtig sei, doch wenigstens anständig ausrüsten lassen. «Ohne Rüstung hast du keine Chance. Außerdem bist du unerfahren, du bist ja noch nicht mal ein richtiger Soldat.» Da wurde es David zu viel. Mit einem Satz sprang er auf und stemmte energisch die Hände in die Hüften: «Ich brauch keine Rüstung. Ich kämpfe mit den Mitteln, die ich kenne, mit meiner Steinschleuder. Draußen auf dem Feld, im Kampf gegen Bären und Löwen habe ich schließlich auch nichts anderes zum Kämpfen. Und außerdem glaube ich fest daran, dass ich gewinne. Mit Gottes Hilfe wird es mir gelingen.»

Schließlich zog David, so wie er war, in den Kampf.

Es kam, wie es kommen sollte. Goliath brüllte vor Wut, als er den kleinen David sah, und schrie: «Du Wicht, mit dir Würstchen soll ich es aufnehmen? Dass ich nicht lache!» Doch bevor Goliath richtig anfangen konnte zu lachen, hatte David ihn schon mit seiner Steinschleuder getroffen. Nur ein einziger gezielter Wurf traf den Riesen mitten auf die Stirn. Goliath war sofort tot.

Das Volk Israel jubelte. David hatte sie erlöst.

Liebe Leserin, lieber Leser, diese uralte Geschichte aus dem Alten Testament trägt eine wichtige Weisheit in sich. Gerade heute, wo wir in vielen schwierigen Job-Situationen herausgefordert und manchmal auch überfordert sind, vermittelt sie uns eine entscheidende Botschaft: Auch wenn Sie mit dem Rücken zur Wand stehen, geht es weiter. Doch die Wahl der Mittel zum Weiterkämpfen ist oft entscheidend.

Nicht alles, was stark scheint, hilft jetzt auch. David tut gut daran, die Rüstung abzulehnen. Sie wird ihm nichts nützen. Und wenn bei Ihnen im Job der Leistungsdruck so hoch ist, dass Sie ihm sowieso nicht mehr gerecht werden können – warum lernen Sie dann nicht, den Stress an sich abprallen zu lassen, anstatt alles perfekt zu erledigen?

Schwäche versetzt Berge. Nur weil David dazu steht, dass er klein und schwach ist, findet er andere, bessere Lösungen. Heute kämpfen wir zwar nicht mehr gegen die Philister, aber fühlt sich die Ohnmacht, in einem verfahrenen Konflikt mit einem Kollegen zu stecken, nicht manchmal genauso an? Wenn Sie wie David vorgehen, dann hören Sie auf, sich zu verteidigen und sich zu rechtfertigen. Finden Sie stattdessen den Mut, den Konflikt mit dem Kollegen offen anzusprechen. Wenn Sie die richtige Methode wählen, werden Sie mit Sicherheit erfolgreich sein.

Mit diesem Buch möchte ich Sie dazu einladen, Ihre eigene Steinschleuder zu bauen und die folgenden Kapitel als Werkzeugkasten zu benutzen.

Auf den folgenden 190 Seiten finden Sie alles, was Sie brauchen, um eine schlagkräftige Schleuder zu bauen.

Jedes Kapitel erzählt von einer schwierigen Situation. Anhand eines konkreten Beispiels erkläre ich dann, mit welchen Methoden Sie nach dem David-Geheimnis vorgehen können, um eine gute Lösung zu finden.

Die Situationen und die Methoden, die ich Ihnen zeigen werde, sind allesamt praxiserprobt und haben anderen Menschen bereits geholfen, ihr jeweiliges Problem zu lösen.

Die Kapitel sind außerdem in fünf Abschnitte aufgeteilt. In Anlehnung an die Kampfphasen bei David und Goliath habe ich für jeden Abschnitt einen anderen Schwerpunkt ausgewählt. Es wird um Bedrohung, Ohnmacht, Fokus, Mut und Sieg gehen. Suchen Sie sich einen Schwerpunkt aus und fangen Sie mit derjenigen Phase an, die Sie im Moment am meisten interessiert.

Wenn Sie möchten, können Sie aber auch irgendwo in der Mitte anfangen zu lesen. Oder am Ende. Es gibt keine festgelegte Reihenfolge, an die Sie sich halten müssen.

Wo auch immer Sie jetzt beginnen, ich wünsche Ihnen viel Spaß beim Lesen.

Im November 2009
Ute Zander

1. Bedrohung –

Wenn etwas stärker ist als Sie

Wenn Sie Angst haben zu versagen

Heiko Herbst spürt, wie seine Hände langsam feucht werden. Ausgerechnet jetzt. Wenn er Herrn Richter, dem Personalleiter der BioPharm, gleich zur Begrüßung die Hand schüttelt, wird der sofort wissen, dass Heiko Angst hat. Dabei muss er gerade jetzt selbstsicher wirken. Denn hier geht es um seinen nächsten Job, um seine Existenz. Seitdem die Schröder AG ihn vor vier Wochen vor die Tür gesetzt hat, ist nichts mehr wie vorher. Dass ausgerechnet ihm, dem erfolgreichen Vertriebsleiter, so was passiert, hätte keiner gedacht. Und nun hat Heiko Herbst Angst. Angst davor, nicht mehr gut genug zu sein und ein zweites Mal zu versagen.

Angst hat eine wichtige Alarmfunktion.

Eigentlich ist so etwas völlig normal. Jeder, der seinen Job verliert, kennt diese Unsicherheit. Werde ich wieder etwas Passendes finden? Wie lange muss ich wohl suchen? Da kann man schon mal Angst bekommen.

Die Angst übernimmt in solchen Situationen eine wichtige Alarmfunktion, die Sie ernst nehmen sollten. Schon seit Urzeiten reagiert der Mensch bei Gefahr mit starken Gefühlen – und zwar entweder mit Angst oder mit Aggression. Beide Gefühle sind wichtig, um blitzschnell handeln zu können. So löst die Angst den unmittelbaren Impuls zur Flucht aus und die Aggression löst den Willen aus zu kämpfen.

Heiko Herbst ist das nicht bewusst. Für ihn ist Angst etwas Bedrohliches. Nur Angsthasen haben Angst. Und Angst ist ein schlechter Ratgeber, das weiß doch jeder. Für ihn gibt es nur einen Weg, damit er nicht noch mal versagt: die Angst ignorieren, die Zähne zusammenbeißen – Augen zu und durch!

Im Bewerbungsgespräch hat Heiko Herbst mittlerweile die ersten Fragen souverän beantwortet. Doch plötzlich schlägt der Personaler schneller als erwartet zu: «Das ist ja alles gut und schön, was Sie mir da erzählen, Herr Herbst. Klingt vielversprechend. Aber eins habe ich noch nicht verstanden: Wieso haben Sie die Schröder AG bereits nach acht Monaten wieder verlassen? Was ist denn da schiefgelaufen?»

Zwei Fragen, die bei Heiko Herbst mitten in der Magengrube landen. Seine Souveränität ist dahin. Hilflos registriert er, wie ihm die Röte ins Gesicht schießt. Bis hierhin ist es ihm gelungen, seine Angst zu ignorieren. Jetzt wird Heiko Herbst plötzlich bewusst, dass er das nicht mehr schafft. Zu spät – die Angst hat das Gesprächskommando übernommen. Nun scheinen seine schlimmsten Befürchtungen wahr zu werden: Es liegt an der Kündigung, dass ihn keiner mehr will!

Die Angst ist Ihre Steinschleuder

Was Sie hier sehen, ist eine durch und durch menschliche Reaktion. Heiko möchte die Situation meistern, indem er seine Angst ignoriert. Dahinter steht die geradezu kindliche Hoffnung, dass sich in Luft auflösen werde, was er ignoriert. Doch das Gegenteil ist meistens der Fall. Stellen Sie sich vor, Sie müssten eine Rede halten und litten unter starkem Lampenfieber. Wenn Sie Ihre Befürchtungen bis zum Schluss ignorieren, riskieren Sie, dass Sie mitten im Auftritt von Panik heimgesucht werden.

Schwierige Situationen meistern Sie mit Verstand und Gefühl.

Wenn Sie sich jedoch mit Ihrer Redeangst auseinandersetzen und rechtzeitig Gegenmaßnahmen – wie zum Beispiel Atementspannungs-Übungen kurz vor dem Auftritt – ergreifen, haben Sie gute Chancen, das Lampenfieber in den Griff zu bekommen.

Aber warum nur fällt es uns Menschen so schwer, uns zusammenzureißen und einen kühlen Kopf zu bewahren, wenn es drauf ankommt? Meine Antwort ist einfach: weil wir beides brauchen, um eine schwierige Situationen zu meistern, Verstand *und* Gefühl. Auch im Kampf gegen Goliath reichten dem Volk Israel die schärfsten Schwerter nicht aus, um den Sieg davonzutragen. Der König hatte zwar ein ganzes Heer von Soldaten, aber keiner eignete sich, den Zweikampf mit dem Riesen aufzunehmen. Ausgerechnet der kleine David mit seiner Steinschleuder war jetzt der Richtige, um den Sieg zu erringen.

So ähnlich regelt auch das menschliche Bewusstsein unser Verhalten in Not und Gefahr. Zwei wichtige Waffen stehen dem Gehirn zur Verfügung: der Verstand und die Gefühle. Durch unsere Gefühle können wir uns blitzschnell und ohne langes Nachdenken richtig verhalten, denn die Reaktionsmuster «Flucht» und «Angriff» werden ausschließlich durch Gefühle gesteuert. Mit Hilfe des Verstandes können wir anschließend die Situation analysieren und uns schlaue Strategien ausdenken, auf die uns die Gefühle nicht hinweisen.

Dazu hat die Hirnforschung in den letzten Jahren viele wichtige Entdeckungen gemacht. Wissenschaftler haben festgestellt, dass im Gehirn die Amygdala (zu Deutsch: der Mandelkern) dafür zuständig ist, Angst zu produzieren. Je nachdem, wie stark die Amygdala aktiviert wird, gelangen Gefühle der Angst ins menschliche Bewusstsein. Dort haben sie nur eine einzige Funktion: Alarm schlagen! Man weiß außerdem, dass das Gehirn im Zustand der Angst nur eingeschränkt arbeitet. Rationale Denkprozesse werden konsequent lahmgelegt, denn jetzt wird nur noch das Notprogramm «Flucht» zugelassen. Hätte die Wut das Regiment übernommen, wäre «Angriff» das einzig mögliche Programm.

Erst wenn unsere Wahrnehmung das Ende der Gefahr signalisiert, werden die emotionsgesteuerten Alarmprogramme wieder heruntergefahren. Jetzt ist die Stunde der Vernunft gekommen, denn nun soll der rationale Teil des Gehirns die Situation im Nachhinein analysieren. Der Verstand hilft uns, die Gefahrenquelle richtig einzuschätzen. War es richtig davonzulaufen? Oder hätte man sich dem Gegner auch stellen können? Wie gefährlich ist der Gegner überhaupt? Habe ich überreagiert, als ich auf «Angriff» geschaltet habe? Oder habe ich die Gefährlichkeit des Gegners überschätzt? Diese wichtige Analysephase macht es überhaupt erst möglich, das eigene Verhalten ständig zu optimieren. Nur so ist es dem Menschen über Millionen von Jahren hinweg gelungen, sich einer sich ständig verändernden Umwelt anzupassen.

Der Verstand hilft uns, eine Gefahr richtig einzuschätzen und für die Zukunft zu lernen.

Auch Heiko Herbst muss sich an seine veränderte Job-Situation anpassen. Natürlich macht ihm das Angst. Denn die Angst will ihn ja warnen: «Pass auf, Heiko, hier stimmt was nicht!» Und richtig, es «stimmt» ja tatsächlich etwas nicht. Was ist denn da vorgefallen beim letzten Arbeitgeber, der Schröder AG? Diese berechtigte Frage des Personalleiters der BioPharm hat sich Heiko Herbst noch gar nicht selbst gestellt, geschweige denn, beantwortet. Stattdessen ist er damit beschäftigt, seine lästigen Angstgefühle zu unterdrücken. Denn sich zu ängstigen ist für ihn ein Zeichen von Schwäche. Und Schwäche ein Indiz für Versagen. Heiko Herbst will kein Versager sein.

Genauso ging es auch David, als er sich dem Zweikampf mit dem Riesen Goliath stellte. Er wollte kein Versager sein, er wollte gewinnen. Ganz gezielt setzte er die Steinschleuder als Waffe ein, die dem Riesen Goliath im Vergleich zu den gefährlichen Schwertern der Soldaten lächerlich erschien. Doch David wusste, wie er die scheinbare Schwäche als Stärke einsetzen konnte. So können Sie auch vorgehen, wenn Sie Angst haben zu versagen: Anstatt die Angst zu ignorieren und als ein Zeichen von Schwäche zu sehen, empfehle ich Ihnen, das Gefühl Angst gewinnbringend zu nutzen. Egal, um welche Bedrohungssituation es geht: Wenn Sie Angst haben, sollten Sie den damit verbundenen Fluchtimpuls nut-

Angst drängt Sie zum Rückzug – damit Sie nachdenken können.

zen, um sich zurückzuziehen. Sie brauchen jetzt Zeit, um herauszufinden, wie Sie auf die Bedrohung reagieren wollen.

Auch Heiko Herbst hätte seine Angst schon viel früher ernst nehmen können – nämlich zum Zeitpunkt der Kündigung. Weil er sie da ignoriert hat, taucht sie nun immer dann auf, wenn er sie gar nicht gebrauchen kann, zum Beispiel mitten im Bewerbungsgespräch. Wäre Heiko Herbst so schlau wie David, hätte er sich früher mit seinen Gefühlen auseinandergesetzt.

Doch wie soll das denn gehen – die Angst ernst nehmen und die Bedrohung analysieren? Die Geschichte von Martina und dem Wespenstich zeigt Ihnen, wie man in einer schwierigen Situation Verstand und Gefühle gleichermaßen berücksichtigt.

Wie Verstand und Gefühl ineinandergreifen

Martina hat sich den Nachmittag frei genommen, um den warmen Spätsommertag im Park zu verbringen. Bei einem großen Stück Pflaumenkuchen mit Sahne hat sie es sich in einem Café bequem gemacht und genießt die Aussicht. Da kommt eine Wespe angeflogen, magisch angezogen vom leckeren Kuchen, und umschwirrt Martinas Kopf. Mit Schrecken erinnert sich Martina daran, dass sie vor drei Wochen von einer Wespe direkt neben dem Auge gestochen wurde. Innerhalb von Minuten war das Auge zugeschwollen und hatte sich in eine riesige Beule verwandelt. Martina wusste in dem Moment gar nicht, was sie tun sollte, und war froh, als die Schwellung nach einigen Tagen nachließ. Nun bekommt es Martina mit der Angst zu tun. Hektisch schlägt sie um sich, um die Wespe zu verscheuchen. Doch die wird nur noch wilder. Da kann Martina nicht mehr an sich halten. Laut schreiend läuft sie davon, sehr zur Überraschung der anderen Gäste, und lässt ihren Pflaumenkuchen stehen.

Martina befindet sich in einer Situation, die sie scheinbar nicht bewältigen kann. Ihr Bewusstsein hat registriert, dass es für diese gefährliche Situation – noch – keine Lösung gibt, und ordnet sie somit als starke Bedrohung ein. Daher reagiert Martina mit Angst. In der

Phase der Angst kann sie nicht richtig nachdenken, woran es liegen könnte, dass der Stich so bedrohlich anschwillt. Erst als sie wieder zur Ruhe kommt, setzt sie sich zu Hause an ihren Computer und recherchiert im Internet. Sie vermutet, dass sie auf Wespenstiche allergisch reagiert, und geht zu ihrem Hausarzt. Der verschreibt ihr eine Salbe, die allergische Reaktionen sofort stoppt. Ihr Bewusstsein registriert also eine Lösung für ihr Problem. Erst jetzt wird sie sich auch in der nächsten Gefahrensituation beruhigen können. Wenn Martina nun mehrere Male erfolgreich mit der Gefahrensituation umgehen konnte, verringert sich ihr Angstpegel in der Bedrohungssituation. Weil es ihr mehrmals gelungen ist, mit der Gefahr zurechtzukommen, belohnt ihr Gehirn sie außerdem mit positiven Gefühlen. Der Teil des Gehirns, der für solche Belohnungen zuständig ist, heißt mesolimbisches System und liegt genau neben der Amygdala.

Genau nach diesem Prinzip kann Heiko Herbst auch vorgehen. Zunächst einmal muss er sich beruhigen, denn im Zustand der Angst kann er nicht nachdenken. Das heißt aber auch, dass er im Moment gar keine Bewerbungsgespräche führen sollte! Erst wenn ihm klar geworden ist, welche Umstände zur Kündigung geführt haben, kann er eine selbstbewusste innere Haltung entwickeln, die ihm hilft, weitere Bewerbungsgespräche souverän zu meistern.

Heiko Herbst hat diesen Rat befolgt und sich in Gesprächen mit Kollegen Klarheit über die Hintergründe seiner Kündigung verschafft. Viele haben ihm geraten, keinesfalls an der eigenen Kompetenz zu zweifeln. Sehr aufschlussreich war das Gespräch mit einem Personalberater, der Heikos Branche wie seine Westentasche kennt: «Nach dem vorausgegangenen Geschäftsführerwechsel war Ihre Kündigung absehbar», meint der Personalexperte.

Gespräche mit anderen bringen Klarheit.

«Da mussten Köpfe rollen, vor allem jene, die den Plänen der neuen Geschäftsleitung im Wege standen.»

Durch die neutrale Sichtweise seiner Gesprächspartner kann Heiko Herbst seine Situation anders betrachten. Er weiß jetzt, dass er trotz Kündigung an seine Fähigkeiten glauben muss. Nur dann kann er im nächsten Bewerbungsgespräch überzeugen. Und nur so findet er einen guten neuen Job.

Die Angst meistern mit den fünf «A»

Wenn Sie das nächste Mal Angst haben, sollten Sie dies als Alarmsignal ernst nehmen. Denken Sie daran, dass die Angst Ihnen Wichtiges zu sagen hat. Was genau das ist, sollten Sie jedoch in Ruhe und mit Hilfe Ihres Verstandes herausfinden.

Sorgen Sie dafür, dass die Angst zwar ihre Aufgabe, zu alarmieren, erfüllen darf, aber nicht von Ihnen Besitz ergreift. Das geht am besten mit den fünf «A»:

Angst als Alarmfunktion ernst nehmen

Aussteigen und zur Ruhe kommen

Alles von allen Seiten durchdenken

Aktiv werden

Angst neu bewerten

Auf den nächsten Seiten erfahren Sie, wie Sie diese Methode anwenden und einüben können.

Angst als Alarmfunktion ernst nehmen

Stellen Sie sich vor, Sie haben gerade Ihren Job verloren, so wie Heiko Herbst. Oder Sie haben eine ganz schlechte Jahresbeurteilung bekommen und befürchten, den Anforderungen im Job nicht mehr gerecht werden zu können. Ganz gleich, um welche bedrohliche Situation es sich handelt, wahrscheinlich stehen Sie zunächst unter Schock. Kurze Zeit später, vielleicht schon nach ein bis zwei Stunden, kommt dann die Angst. Sie macht sich mit Grübeleien und Katastrophenfantasien bemerkbar, die sich im Kopf wie im Kreis zu drehen scheinen. Ihr Herz schlägt vor Aufregung schneller, und kalter Angstschweiß bricht aus. Auf ihre Job-Aufgaben können Sie sich jetzt nicht mehr konzentrieren, denn das «sympathische Nervensystem» hat den Alarmzustand ausgerufen.

Sofern dies möglich ist, sollten Sie Ihre Arbeit jetzt unterbrechen und nach Hause gehen. Sie werden sowieso keinen klaren Gedanken mehr fassen können, denn Ihr Bewusstsein ist mit der Verarbeitung der Bedrohung – sei es eine Kündigung oder eine schlechte Beurteilung – vollauf beschäftigt. Wenn Sie bis zum Feierabend bleiben müssen, sollten Sie versuchen, Ihre momentane Tätigkeit mit wenig Aufwand und so schnell wie möglich zu beenden. Sie brauchen Abstand, damit Ihre Gefühle zur Ruhe kommen können.

Manchmal hilft es auch, sich einfach etwas zu bewegen. Gehen Sie spazieren oder joggen Sie durch einen Park. Durch die Bewegung wird das Noradrenalin in Ihrem Körper schneller abgebaut. Ziel dieser Phase ist es, den Alarmzustand der Psyche vorerst zu beenden, damit der Verstand das Geschehen in Ruhe analysieren kann.

Immer erst einmal Abstand gewinnen.

Aussteigen und zur Ruhe kommen

Die Bewegung hat Ihnen gut getan. Sie haben Abstand gewonnen. Jetzt sitzen Sie zu Hause an Ihrem Lieblingsplatz, wo Sie ungestört sind. Bei einer Tasse Tee lassen Sie allen Gedanken freien Lauf. Vielleicht nehmen Sie auch ein heißes Bad, damit Sie besser entspannen können. Oder Sie legen sich einen Moment hin. Wenn Sie bereits eine Entspannungstechnik beherrschen, sollten Sie sie in dieser Phase anwenden.

Tipps zum Entspannen

Es gibt viele Entspannungstechniken, die Ihnen helfen, schnell zur Ruhe zu kommen. Zu den bekanntesten gehört die Progressive Muskelentspannung nach Jacobsen. Lassen Sie sich in einer Buchhandlung beraten, dort finden Sie eine große Auswahl guter Entspannungsratgeber mit Audio-CD. Ziel sollte sein, diese Technik ohne langes Nachdenken sofort anwenden zu können, um schnell zu entstressen.

Probieren Sie aus, welche Entspannungs-Methode Ihnen am ehesten zusagt. Ganz gleich, ob Sie sich für eine Yoga-Übung, eine Atem-Entspannung oder Autogenes Training entscheiden, Sie sollten sich mit dieser Methode wohl fühlen.

Vielleicht ist jetzt der Zeitpunkt gekommen, die Kündigung oder das angstauslösende Ereignis mit jemandem zu besprechen. Sie sollten genau prüfen, wer dafür in Frage kommt: der Partner oder die Partnerin? Oder lieber ein guter Freund oder eine Freundin? Ich habe die Erfahrung gemacht, dass Menschen, die gut zuhören und trösten können, in solchen Momenten besonders gute Gesprächspartner sind. Wichtig ist, dass Sie jetzt keine guten Ratschläge brauchen, denn ein Ratschlag ist immer bereits eine konkrete Idee, wie Sie weiter vorgehen könnten. Im Moment sind Sie aber noch gar nicht in der Lage, sich mit solchen Lösungen zu beschäftigen. Sie müssen die Schocksituation noch verarbeiten. Erst wenn der Verstand die Regie des Verarbeitungsprozesses übernimmt, kommt die Zeit der guten Ideen und Ratschläge. Die meisten Freunde meinen es zwar gut mit Ihnen und wollen mit Ratschlägen behilflich sein, doch momentan erreichen sie damit das Gegenteil. Wenn Sie also während eines solchen Gesprächs den Impuls verspüren, sich zu rechtfertigen, wissen Sie, dass Sie gerade auf gut gemeinte Ratschläge allergisch reagieren. Brechen Sie dann das Gespräch freundlich, aber bestimmt ab, bevor sich Enttäuschung auf beiden Seiten breitmacht. Denken Sie daran: Nur Sie entscheiden, was Ihnen jetzt gut tut.

Erst müssen Sie den Schock verarbeiten, bevor Sie über konkrete Lösungen nachdenken.

Analyse: Alles von allen Seiten durchdenken

Einen Tag später: Sie haben eine Nacht darüber geschlafen. Umso besser, denn im Schlaf werden emotionale Verarbeitungsprozesse verstärkt. Jetzt – mit noch mehr Abstand – können Sie alles in Ruhe durchdenken. Am besten gehen Sie systematisch vor. Die sechs W-Fragen einer Ist-Analyse können hilfreich sein. Sie lauten:

Was? – Wer? – Wie? – Womit? – Warum? – Wann?

Nicht jedes Fragewort eignet sich für jede Situation. Beim Beispiel der Kündigung könnten Sie sich jedoch Folgendes fragen:

- Was genau beinhaltet die Kündigung und welche Konditionen wurden vorgeschlagen?
- Wer möchte mich loswerden und wer profitiert von meinem Weggang?
- Wie wurde die Kündigung begründet? Sind die Begründungen plausibel?
- Womit, das heißt mit welchen Methoden sollte ich mich auf weitere Gespräche vorbereiten? Wer kann mich dabei unterstützen?
- Warum wird mir gekündigt – gibt es weitere Gründe außer den bereits genannten, die zwar nicht ausgesprochen werden, aber trotzdem eine Rolle spielen?
- Wann kann ich weitere Gespräche führen, um die Hintergründe und Umstände der Kündigung zu verstehen?

In dieser gedanklichen Auswertungsphase geht es darum, die emotional bedrohliche Situation rational zu verstehen. Wenn Sie sich die Fragen der Ist-Analyse nach einiger Zeit noch einmal stellen, können Sie einschätzen, wie weit Sie mit der Verarbeitung der Kündigung oder des ähnlich gravierenden Ereignisses gekommen sind. Davon abgesehen helfen die Fragen, wichtige Gespräche vorzubereiten.

Für heute reicht das erst einmal. Sie haben die ersten wichtigen

Schritte angesichts einer bedrohlichen Situation unternommen. Jetzt ist der richtige Zeitpunkt, das Gespräch mit anderen zu suchen.

Aktiv werden

Die Fragen der Ist-Analyse haben Ihnen gezeigt, was jetzt zu tun ist. Bestimmt müssen Sie, um im Beispiel der Kündigung zu bleiben, ein zweites Gespräch mit Ihrem Chef führen, weil Sie beim ersten Termin vor Aufregung nur die Hälfte verstanden haben.

Aktivität stärkt immer das Selbstwertgefühl.

Dann ist Ihnen noch eingefallen, dass Sie den Betriebsrat oder einen Rechtsanwalt aufsuchen könnten. Vielleicht fällt Ihnen auch ein Kollege oder eine Freundin ein, denen Ähnliches passiert ist.

In Aktion zu sein gibt Ihnen jetzt ein gutes Selbstwertgefühl. Und es signalisiert den anderen, dass Sie sich nicht einschüchtern lassen. Beides ist sehr wichtig.

Die Angst neu bewerten

Die ersten Tage nach dem Schock sind vergangen. Rein gefühlsmäßig sind Sie zwar immer noch in einer Ausnahmesituation, aber jetzt können Sie die Lage besser einschätzen und wissen, was nun zu tun ist. Wenn Sie zurückdenken, merken Sie, dass Sie am Anfang übertrieben reagiert haben. Es gibt keinen Grund zur Panik. Zum Beispiel sieht der Arbeitsmarkt für Sie ganz gut aus. Trotzdem schmerzt die Kündigung – da sind Sie noch lange nicht drüber hinweg.

Nach ein paar Tagen sieht die Sache ganz anders aus.

Die panische Angst ist verschwunden – eine gewisse Ängstlichkeit ist geblieben. Sie haben beschlossen, diese Rest-Angst zu nutzen, um vorsichtig zu bleiben. Als Mutter der Porzellankiste, aber nicht als schlechten Ratgeber.

Was wäre, wenn wir keine Angst hätten?

In diesem Kapitel haben Sie gesehen, wie Sie Ihre lästige Angst als nützliche Kraftquelle für die Bewältigung einer Krisensituation ausschöpfen können. Auch wenn Sie aufgrund der eigenen Angst zunächst den Rückzug antreten – mit Hilfe der fünf A können Sie diese wichtige Phase nutzen, um sich Gedanken zu machen, wie Sie aus der Notsituation wieder herauskommen. Ich bin mir sicher, dass Sie Ihre eigene Angst jetzt mit ganz anderen Augen sehen.

Und Heiko Herbst? Was ist eigentlich aus ihm geworden? Auch er hat seine Angst endlich ernst genommen und seine beruflichen Ziele gründlich überdacht. Nur weil er panische Angst hatte zu versagen, hat er sich gründlich mit seiner Situation auseinandergesetzt. Ohne die Angst hätte er so weitergemacht wie bisher. Heiko Herbst weiß nun viel besser, was er von seinem nächsten Job erwartet. Nun stellt *er* im Bewerbungsgespräch die anspruchsvollen Fragen, statt ängstlich darauf bedacht zu sein, die Erwartungen der anderen zu erfüllen. Kein Wunder, dass er ganz schnell einen neuen guten Job gefunden hat.

Seien Sie also froh, dass Sie Angst haben, und nutzen Sie Ihre Gefühle, um aufmerksamer mit schwierigen Situationen umzugehen. Eine Steinschleuder ist nur eine Steinschleuder – je nachdem, wie sie eingesetzt wird, kann sie harmlos oder gefährlich sein. Die Angst ist nur ein Gefühl, es liegt an Ihnen, ob diese Angst Sie stärkt oder schwächt. So gesehen kann Angst doch ein guter Ratgeber sein.

Angst kann eben doch ein guter Ratgeber sein.

Wussten Sie übrigens, dass es Menschen gibt, die aufgrund einer hirnphysiologischen Funktionsstörung der Amygdala keine Angst empfinden können? Mediziner prognostizieren solchen Menschen eine äußerst geringe Lebenserwartung. Ahnen Sie, warum?

Wenn Sie erschöpft sind, weil Sie alles allein machen müssen ...

Montagmorgen, 2.30 Uhr: Mit einem Schlag ist Gitta hellwach. Gerade mal drei Stunden hat sie geschlafen. Das Gespräch mit Frank, ihrem Chef, war plötzlich wieder in ihrem Kopf. Seit Tagen quält sich die Teamleiterin Controlling einer großen deutschen Bank damit, den Quartalsbericht rechtzeitig fertigzustellen. Und ausgerechnet jetzt, wo ihre Nerven bis zum Zerreißen gespannt sind, erwähnt Frank ganz beiläufig, wie wichtig die pünktliche Abgabe des Berichts sei: «Damit steht und fällt dein erfolgreicher Einstieg als Teamleiterin in der Bank.» Unruhig wälzt sich Gitta hin und her. In vier Stunden muss sie topfit und ausgeruht sein. Denn es wird ein besonders harter Tag werden. Erstens muss der Quartalsbericht fertig werden, und zweitens muss Gitta im Vorstandsmeeting ein wichtiges Statement präsentieren. Allein der Gedanke daran bringt ihren Herzschlag zum Rasen. Sie denkt: «Du musst dich beruhigen und schnell wieder einschlafen.» Fast automatisch greift sie zu den Schlaftabletten, die auf dem Nachtschrank liegen. Nur ganz kurz denkt sie daran, dass sie seit Wochen ohne diese Tabletten gar nicht mehr schlafen kann. «Wenn der Bericht erst mal fertig ist», beruhigt sie sich, «hör ich mit den Tabletten wieder auf.» Bis dahin hofft sie, wieder neue Kraft tanken zu können. Denn die fehlt ihr im Moment am meisten, die Kraft, das alles durchzustehen.

Der größte Energie-Räuber sind Sie selbst

Eine wichtige Aufgabe zu übernehmen ist schön. Voller Elan möchte man zeigen, was man draufhat. Doch wenn jeden Tag neue Aufgaben zu dem ohnehin schon anspruchsvollen Tagespensum hinzukommen und der Arbeitsberg von Woche zu Woche größer wird, dann fragen Sie sich vielleicht: «Bin ich wirklich die Richtige für diesen Job?» Jeden Morgen bemühen Sie

Machen Sie sich bewusst, was Ihnen Kraft gibt und was Ihnen Kraft nimmt.

sich, alles zu Ende zu bringen und alles richtig zu machen, aber genau dieses sinnlose Unterfangen raubt einem am meisten Energie.

Die Energiereserven, die zunächst unerschöpflich schienen, sind irgendwann aufgebraucht. Und wenn Sie genauer hinschauen, merken Sie, dass einige Situationen besonders viel Kraft kosten. Da ist der langsame Kollege, dem Sie alles dreimal erklären müssen, bevor er die Aufgabe korrekt erledigt. Oder die ständigen Anrufe, die Sie mitten aus einer hoch konzentrierten Denkaufgabe reißen. Anschließend fangen Sie mühsam wieder von vorne an. Wenn Sie nach einiger Zeit Bilanz ziehen, merken Sie, dass einige Tätigkeiten energieraubender sind als andere. Auf der anderen Seite gibt es Situationen, die Ihnen trotz hohem Arbeitsaufwand Energie spenden. Wie hängt das alles zusammen? Schauen Sie sich das Energie-Modell im folgenden Abschnitt einmal genau an. Sie werden erkennen, dass Sie mehr für einen ausgeglichenen Energie-Haushalt tun können, als Sie denken.

Ausgewogene Bilanz

Stellen Sie sich vor, all die Energien, die Sie tagtäglich benötigen, befänden sich in einem großen Fass. Stellen Sie sich weiter vor, dass von oben kraftspendende Energien wie Wasser in einen großen Topf zufließen können und es leider weiter unten Löcher gibt, aus denen wertvolle Energien wieder herausfließen können.

Achten Sie darauf, dass Ihr Energiehaushalt ausgeglichen bleibt.

Es ist sehr erstaunlich, dass gerade die unspektakulären Dinge im Leben unseren Energiehaushalt positiv beeinflussen können. Das kann erholsamer Schlaf, eine zufriedenstellende Freizeitaktivität, aber auch das wohlverdiente Lob Ihres Chefs sein. Natürlich gibt es auch Tätigkeiten, die Energie kosten. Da ist zunächst die Arbeit an sich, die Energien verbraucht. Am Ende eines langen Arbeitstages fühlt man sich rechtschaffen müde und möchte sich ausruhen, um neue Kraft zu schöpfen. Wer sich jetzt gut entspannen kann oder ein Hobby

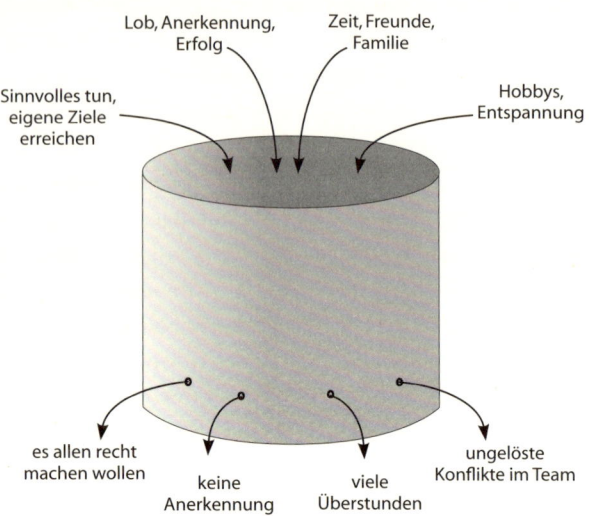

Lob, Anerkennung, Erfolg

Zeit, Freunde, Familie

Sinnvolles tun, eigene Ziele erreichen

Hobbys, Entspannung

es allen recht machen wollen

keine Anerkennung

viele Überstunden

ungelöste Konflikte im Team

Abb. 1: Das Energiefass

hat, das ihm Spaß macht, füllt sein Energiefass ganz automatisch wieder auf.

Hohen Energiever-lust können Sie selbst ausgleichen.

Doch es gibt auch Situationen, die außerplanmäßig viel Energie rauben. Das kann ein ungelöster Konflikt mit einem Kollegen oder die fehlende Anerkennung des Vorgesetzten sein. Oft schlägt ein übertriebener Leistungsanspruch an einen selbst große Löcher ins eigene Energiefass. Viele Menschen merken gar nicht, wie viele Löcher sie unnötigerweise in ihr Energiefass schlagen. Zwar merken sie, dass ihre Energien ständig verbraucht sind, aber sie finden dafür keine Erklärung. Dass sie diese Energieverschwendung selbst verursachen, kommt ihnen gar nicht in den Sinn.

Auch Gitta hat, ohne es zu merken, ein zusätzliches großes Loch in ihr Energiefass geschlagen. Ihr größter Energiefresser ist ihr ausgeprägtes Bedürfnis nach Anerkennung. Mehr als andere braucht sie

Bestätigung von Kollegen und Vorgesetzten. Und dafür tut sie fast alles. Nicht nur, dass sie es allen recht machen will. Nur in der größten Not holt sie sich Unterstützung von Kollegen. Am liebsten macht sie alles allein. So sorgt sie, ohne es zu merken, für zwei Löcher im Tank. Leider gibt es aufgrund der hohen Arbeitsbelastung wenig Ausgleich. Denn um die Job-Aufgaben erledigen zu können, sagt sie alles ab, was ihr neue Energien zuführen könnte: Freunde treffen, faulenzen, Spaß haben.

Aber die Anerkennung vom Chef und von den Kollegen, die könnte sie doch aufbauen, oder? Leider nein, denn mittlerweile finden es alle ganz selbstverständlich, dass Gitta so viel arbeitet und dass sie alles allein macht. Ehrlich gesagt, glaube ich nicht, dass das lange gut geht. Wenn Gitta so weitermacht, steuert sie geradewegs auf ein Burn-out-Syndrom zu.

Um aus diesem Negativ-Kreislauf herauszukommen, muss Gitta ihren Energiehaushalt ganz anders steuern. Bevor ich Ihnen erkläre, wie das funktioniert, gehen wir aber erst einmal einen Schritt zurück, um zu verstehen, wie das Bedürfnis nach Anerkennung beim Menschen überhaupt entsteht. Denn eines steht fest: Anerkannt zu werden ist ganz natürlich.

Grundnahrungsmittel für die Seele

Vom ersten Lebensmoment an brauchen wir Anerkennung. Sie gibt uns die Gewissheit, dass andere uns, so wie wir sind, akzeptieren. Erst dann fühlen wir uns stark genug, die Welt zu erobern und uns in ihr einen guten Platz zu sichern. So haben Hirnforscher in den letzten Jahren nachgewiesen, dass Liebe, Wertschätzung und Akzeptanz sich positiv auf die intellektuelle Entwicklung auswirken. Wie Öl im Getriebe sorgen sie dafür, dass wichtige neuronale Prozesse in Gang gesetzt werden. Wer ausreichend mit Anerkennung und Wertschätzung ausgestattet wurde, ist dann später eher bereit, sich große Ziele zu setzen und die Schwierigkeiten auf dem Weg dorthin zu überwinden.

Jemand, der in seiner Kindheit besonders wenig Anerkennung erfahren hat, überträgt dieses Mangelgefühl automatisch auf andere Situationen. Wie ein Springteufel taucht der Hunger nach Anerkennung dann in allen Lebenslagen wieder auf. Ob als Mutter, Vorgesetzte, Lehrer, Freund, immer sticht die Wunde der fehlenden Anerkennung. In so einem Fall tun Menschen alles dafür, um die Sehnsucht zu stillen. Sehr häufig bietet sich der Job als idealer Schauplatz für Nachholbedürftige an. Und so wundert es nicht, dass Menschen sich halb tot arbeiten, um das Lob ihres Vorgesetzten zu hören. Sie machen das nicht, weil sie die Anerkennung als Fachkraft bekommen möchten, sondern weil sie insgeheim die fehlende Anerkennung aus ihrer Kindheit nachholen möchten.

Gitta geht es ebenso. Wenn Frank mal wieder betont, wie wichtig die pünktliche und fehlerfreie Abgabe des Quartalsberichts für ihre Karriere als Teamleiterin ist, dann springt in ihrem Innern ein Motor an, der mit hoher Drehzahl dafür arbeitet, diese Erwartung zu erfüllen, um dafür die ersehnte Anerkennung zu bekommen. Dass sie stattdessen den riesigen Anspruch, der da an sie gestellt wird, in Frage stellen könnte, kommt ihr gar nicht in den Sinn.

Noch weniger, dass ihr jemand bei der Erledigung dieser anspruchsvollen Aufgabe behilflich sein könnte. Gitta ist es gewohnt, blind zu funktionieren, wenn ihr jemand Anerkennung in Aussicht stellt. Solche und ähnliche Reaktionsmuster hat jeder Mensch. Bei Gitta ist dieses grundlegende Verhaltensmuster folgendermaßen entstanden.

Vermeiden Sie Anerkennungs-Überstunden!

Wie Mangelerscheinungen entstehen

Der Motor, der bei Gitta immer wieder anspringt, hatte früher, in ihrer Kindheit, durchaus seine Berechtigung. Denn als sie noch ein kleines Mädchen war, etwa neun Jahre alt, war es für sie notwendig, um das kleinste bisschen Anerkennung zu kämpfen. Damals wuchs sie mit ihren zwei Geschwistern und ihren Eltern in einer süddeutschen Kleinstadt auf. Ihr Vater, ein Tischlermeister mit eigenem Betrieb, hatte hart gearbeitet, um die Familie ernähren zu können. Gittas Mutter hatte ihren Beruf als Friseurin nach der Geburt von Markus, dem ältesten Sohn, aufgegeben. Vor allem deswegen, weil Markus so schwierig war, ein richtiges Problemkind. Um ihn musste sich die Mutter besonders intensiv kümmern. Wie gut, dass wenigstens Gitta pflegeleicht und recht früh selbstständig war. Denn als zwei Jahre nach Gitta ihre kleine Schwester Martina geboren wurde, ging der Ärger wieder los. Tina entpuppte sich auf eine ganz andere Art und Weise als schwierig: Sie gab ständig Widerworte und spurte nur, wenn man ihr gut zuredete. Wenn die Mutter überhaupt mal Kraft und Zeit hatte, sich mit Gitta zu beschäftigen, dann nur, weil Gitta unter Beweis gestellt hatte, wie selbstständig sie war. Ihre Hausaufgaben erledigte sie allein, ihre Probleme löste sie allein, und irgendwann konnte Gitta sich auch allein trösten, wenn sie traurig war.

Merken Sie etwas? Es entwickelte sich ganz früh ein durchaus erfolgreiches Bewältigungsmuster, ganz nach dem Motto «Wenn es wenig (Anerkennung) gibt, dann werde ich eben genügsam». So funktioniert das aber auf die Dauer nicht, denn Anerkennung ist ein menschliches Grundbedürfnis, das man sich nicht abtrainieren kann. Man kann es einige Jahre oder Jahrzehnte verdrängen, aber wenn die Notsituation vorbei ist, taucht es wie ein Bumerang wieder auf und fordert seine Rechte ein. Das große Bedürfnis nach Anerkennung und die Gewohnheit, sich dafür besonders anzustrengen, spürt Gitta heute immer noch. Sie schuftet und schuftet und merkt nicht, dass sie die Anerkennung, die sie sucht, gar nicht bekommt.

Ein Glück, gibt es noch die Schlafstörungen, den Medikamentenmissbrauch und den totalen Erschöpfungszustand. Anderenfalls würde Gitta nicht auffallen, dass in ihrem Leben etwas nicht stimmt. Genau diese Schwäche, das Gefühl ausgelaugt zu

Überprüfen Sie, ob Ihr Chef Ihr Bedürfnis nach Anerkennung erfüllen kann.

sein, sollte ihr jetzt den Anstoß geben, etwas zu ändern. Anstatt immer weiter sinnlos um Anerkennung zu kämpfen, kann sie wie David die Situation so akzeptieren, wie sie ist. Und das bedeutet, sich damit abzufinden, dass sie eine Riesenportion Anerkennung von ihrem Chef nicht bekommen kann. Erst wenn Gitta dies akzeptiert, kann sie erkennen, was sie stattdessen tun kann. Sie kann sich die Anerkennung nämlich selbst geben. So kann sie, wie David im Kampf gegen Goliath, ihre Schwäche in eine Stärke umwandeln.

Es ist gar nicht so schwer, sich selbst mehr zu achten und wertzuschätzen. Meist sind es tagtägliche Kleinigkeiten, die einem selbst ein gutes Gefühl geben und dazu führen, sich wertvoll und anerkannt zu fühlen. Im folgenden Abschnitt zeige ich Ihnen, wie Sie Ihrer Seele eine Anerkennungs-Vitamin-Kur gönnen können.

Wie Mangelerscheinungen vergehen

Zuerst sollten Sie nach dem Prinzip *Selbstversorgung* vorgehen. Das bedeutet, dass Sie sich das, was Sie von den anderen nicht bekommen, eben selbst geben.

Kaufen Sie sich ein besonders schönes Erfolgs- oder Tagebuch. Fangen Sie an einem x-beliebigen Montag an, Tag für Tag drei Dinge aufzuschreiben, die Ihnen besonders gut gelungen sind.

Wenn Sie möchten, können Sie drei anerkennenswerte Dinge im Job suchen oder drei anerkennenswerte Dinge im Privatleben. Schreiben Sie zum Beispiel: Heute habe ich dem schwierigen Kunden Meyer ein besonders gutes Angebot machen können. Oder: Heute Abend habe ich mir die Zeit genommen, meiner Tochter eine schöne Gutenachtgeschichte vorzulesen. Natürlich gäbe es rein theoretisch auch negative Dinge, Misserfolge, die Sie notieren könnten. Aber wozu? Was man falsch macht, hält man sich doch sowieso ständig vor. Was uns gut gelingt, geht in der strengen Selbstkritik meist unter.

Das zweite wichtige Prinzip heißt *Anerkennung säen und ernten.*

Anerkennung und Wertschätzung sind wie Unkraut – einmal

vorhanden, verbreiten sie sich rasend schnell und flächendeckend. Fangen Sie einfach an. Bemerken Sie, dass Ihren Kollegen, Mitarbeitern, Vorgesetzten etwas gut gelungen ist, so sprechen Sie es aus. Zum Beispiel so:

«Ich habe dir gerade beim Telefonieren zugehört. Wie du mit Herrn Schulze sprichst, gefällt mir gut. Ich glaube, das sollte ich auch mal ausprobieren.»

«Ich habe mich gefreut, dass Sie mir doch noch den Urlaub bewilligt haben. Es tut gut, einen Chef zu haben, der daran denkt, dass wir auch noch eine Familie haben.»

Das dritte Prinzip der Anerkennungs-Kur heißt *Anerkennung einfordern.*

Denn wenn Sie trotz aller Bemühungen keine Anerkennung bekommen, dann warten Sie nicht, bis sie innerlich verhungert oder vertrocknet sind, sondern holen Sie sich, was Sie brauchen: Gehen Sie zu Ihrer Chefin oder zu Ihrem Kollegen und bitten Sie um Feedback. Zum Beispiel so:

«Frau Brinkmann, wir arbeiten jetzt seit einem Jahr an diesem Projekt. Wie finden Sie unsere Zusammenarbeit? Was gefällt Ihnen daran und was sollten wir in Zukunft verändern?»

Achten Sie immer darauf, dass Ihr Gesprächspartner nicht nur kritisiert, sondern auch lobt. Vielen Menschen ist es unangenehm, anderen etwas Nettes zu sagen. Das liegt meist nicht daran, dass ihnen nichts einfällt, sondern dass sie es nicht aussprechen können. Sagen Sie dann: «Klar, ich könnte manchmal genauer hingucken, aber was gefällt Ihnen denn an unserer Zusammenarbeit?» Oder:

«Achim, du bist jetzt seit einem Jahr unser Teamleiter. Was ist dir an mir als Mitarbeiterin so aufgefallen? Was mache ich gut und was könnte ich noch besser machen?»

Natürlich müssen Sie damit rechnen, dass ein ehrliches Feedback auch Kritik beinhaltet. Aber wenn diese Kritik fair ausgesprochen wird, hilft sie Ihnen, aus Fehlern zu lernen. So gesehen ist Kritik ebenfalls eine wichtige Form der Anerkennung.

Auskuriert

Der letzte Punkt «Anerkennung einfordern» ist für Gitta der wichtigste. Daher wird sie Frank sofort um ein Feedbackgespräch bitten.

Drei Wochen später ist es so weit. Mit klopfendem Herzen betritt Gitta Franks Büro. Frank hat sich auf das Gespräch gut vorbereitet. «Du bist eine meiner besten Mitarbeiterinnen», sagt Frank. «Wie du dich hier einsetzt, ist unschlagbar.» Gitta ist sehr erleichtert, das zu hören. Insgeheim hatte sie mit dem Schlimmsten gerechnet. Noch kurz vor dem Gespräch waren ihr etliche Fehler eingefallen, die ihr in letzter Zeit unterlaufen waren. Umso überraschter ist Gitta, dass die Kritik aus einer ganz anderen Ecke kommt: «Aber um deine Gesundheit mache ich mir Sorgen. In letzter Zeit bist du die Erste, die kommt, und die Letzte, die geht. Du machst einen erschöpften Eindruck auf mich. Ich sehe dich gar nicht mehr lachen. Kein einziges Mal stehst du mit den Kollegen irgendwo herum und nimmst dir die Zeit für einen kurzen Plausch. Alles, was man dir aufträgt, nimmst du auch an. Warum sagst du nicht auch mal Nein? Ich kann dir nur einen guten Rat geben: Sieh das alles nicht so verbissen. Wenn du wirklich Teamleiterin werden willst, muss du lernen, mit deinen Kräften besser hauszuhalten.»

Gitta weiß, dass Frank recht hat. Und obwohl es unangenehm war, auf diese Art und Weise kritisiert zu werden, ist sie erleichtert. Denn Frank hat ihr gezeigt, dass er sich ganz genau mit ihren Stärken und Schwächen auseinandergesetzt hat. Und das ist auch eine Form von Anerkennung – vielleicht ist die sogar noch wertvoller als ein einfaches Lob.

Wenn Sie wütend sind, weil Sie nur ausgenutzt werden …

«Wie konnte sie das tun? Einfach die Abteilung wechseln, ohne vorher Bescheid zu sagen! Ich bin so enttäuscht. Dabei hatten wir uns doch versprochen zusammenzuhalten – die Einzigen im Team, die dem Chef noch standhalten können.»

Sigrid Schäfer ist schockiert. Ohne ein Wort zu sagen, hat ihre Kollegin Beate die Abteilung verlassen. Während Sigrid im Urlaub war. Es ging alles ganz schnell. Nun steht nicht einmal mehr Beates Schreibtisch da. Den haben sie auch gleich weggeräumt. «Uns wird er nicht kleinkriegen», hatte Beate immer gesagt, «das wäre doch gelacht!» Und jetzt? Wie steht sie, Sigrid, jetzt da! Was werden die anderen im Team jetzt von ihr denken? Das Team, das sind vier Männer und Frauen eines Pharma-Unternehmens, die Messen und Kongresse organisieren. Schon lange sind alle mit dem Teamleiter, Klaus Krüger, unzufrieden. Seine Veranstaltungsvorbereitungen sind oft lückenhaft, und das Team muss manchmal doppelt und dreifach planen, bis alles stimmt. Aber am meisten ärgern sich seine Mitarbeiter, dass er als Chef seine Fehler nicht zugeben kann, sondern versucht, sie Einzelnen in die Schuhe zu schieben.

Zermürbt durch jahrelange schlechte Erfahrungen nach diesem Strickmuster hat Sigrid alle Hebel in Bewegung gesetzt, um ihren Chef zu ändern. Beate war ihre große Stütze, mit ihr konnte sie sich aussprechen, sie war diejenige, die Sigrid zum Weiterkämpfen ermutigte, wenn sie glaubte, keine Kraft mehr zu haben.

«Sie hat mich eben auch nur ausgenutzt, wie all die anderen Kollegen zuvor auch. Um beim Chef die Klappe aufzumachen, war ich gut genug, aber jetzt, wo sie was Besseres hat, lässt sie mich stehen wie ein kleines dummes Mädchen.»

Sigrid Schäfer ist wütend – richtig wütend, denn zum x-ten Mal fühlt sie sich allein gelassen und ausgenutzt. Immer wieder passiert ihr das. So, als hätte sie ein Abonnement darauf, ohne es jemals bestellt zu haben. Dabei kann Sigrid sich durchaus durchsetzen. Sie ist nicht die kleine schüchterne graue Maus, die sich nicht traut. Doch was ihr bei Klaus, ihrem Chef, hervorragend gelingt, klappt bei Beate überhaupt nicht.

Und als Sigrid Beate mittags in der Kantine begegnet, scheint ihre Wut schlagartig verraucht. Warum nur fällt es ihr jetzt so schwer, Beate zur Rede zu stellen, wo sie gerade eben noch so wütend war? Sigrid kann es sich nicht erklären, aber irgendetwas hält sie zurück.

Nur wer vertraut, traut sich

Sigrids Wut ist durchaus verständlich. Gerade wenn sie sich ausgenutzt fühlen, werden die meisten Menschen sehr schnell wütend. Das Gefühl der Wut übernimmt dann eine wichtige Alarmfunktion, sie weist uns darauf hin, dass jemand unsere Ich-Grenzen verletzt. Nun müssen wir reagieren. Die Wut gibt uns die Energie, schnell zu handeln.

Umso merkwürdiger, dass Sigrid sich nicht traut, Beate die Meinung zu sagen. Gerade von ihr fühlt sie sich doch besonders ausgenutzt. Bei ihrem Chef ist das ganz anders, der weiß genau, was Sigrid von ihm hält. Wo liegt der Unterschied zwischen den beiden? Oder um genauer zu sein: Welchen Unterschied macht Sigrid zwischen den beiden?

Wer sich ausgenutzt fühlt, wird wütend.

Wenn es um ihren Chef geht, fühlt Sigrid sich sicher. Denn zu ihm hat sie keine gute Beziehung, jedenfalls keine nennenswert persönliche. Ihm kann sie alles sagen. Bei der Kollegin Beate sieht das ganz anders aus, die beiden Frauen mögen sich, da stimmt die Chemie. Und ausgerechnet da fühlt sich Sigrid schwach. Beate gegenüber traut sie sich nicht, ihre Meinung zu sagen, denn das könnte ihre gute Beziehung gefährden – glaubt Sigrid.

Müsste es nicht genau andersherum sein? Wenn ich ein gutes Verhältnis zu jemandem habe, kann ich mich auch mal trauen, etwas Kritisches zu sagen, schließlich ist die Beziehung ja gut und kann durch so etwas nicht gefährdet werden? Die Wahrheit ist, dass beides stimmt. Ob Menschen davon ausgehen, einer guten Beziehung zu trauen oder lieber zu misstrauen, hängt von ihren Bindungserfahrungen in den ersten Lebensjahren ab. Im Kontakt mit der Haupt-

Wenn Sie kein Vertrauen haben, ist es schwer, Konflikte anzusprechen

bezugsperson, meist ist es die Mutter, entwickelt jeder Mensch sein grundlegendes Bindungsschema. Psychologen bezeichnen den Wunsch nach Bindung als Grundbedürfnis, denn ohne Bindungen können Menschen sich nicht weiterentwickeln.

Das zugrundeliegende Muster ist einfach: Entweder wird das Bedürfnis nach Bindung erfüllt, oder es wird nicht erfüllt. Die folgende Tabelle zeigt, welche Konsequenzen das nach sich zieht.

Bedürfnis	Erfahrung	Gefühl	Reaktion
Bindung	wird erfüllt	Geborgenheit	Zuwendung
Bindung	wird nicht erfüllt	Angst	Rückzug

Tabelle 1: Bindungsmuster

Wenn Sigrid sich einer Person verbunden fühlt, wenn sie zu jemandem wie Beate eine Beziehung aufgebaut hat, dann fällt es ihr schwer, unangenehme Themen anzusprechen. Denn ihrem Bindungsmuster zufolge wurden Bindungsbedürfnisse früher nicht erfüllt, und somit empfindet Sigrid Bindungen als grundsätzlich unsicher. Es ist nur konsequent, dass sie eine als unsicher empfundene Bindung nicht durch ein Problem belasten möchte. Demzufolge traut sie sich nicht, Beate auf den Konflikt anzusprechen. Sie geht unbewusst davon aus, dass die Beziehung dann gefährdet wird. Stattdessen würde jemand, dessen Bindungsbedürfnisse erfüllt wurden, ohne zu zögern Probleme ansprechen. Schließlich kann ja nichts passieren.

Das folgende Beispiel verdeutlicht, wie unterschiedlich Menschen mit sicheren und unsicheren Bindungsmustern reagieren können.

Klaus und Kurt spielen Handball. Kürzlich wurden beide als junge Talente entdeckt. Sie dürfen nun in der Jugendauswahl der Landesliga mitspielen, vorerst nur auf der Ersatzbank. Aber ihr Trainer macht ihnen Hoffnung, schon bald zum Einsatz zu kommen. Doch vier Monate später sitzen beide immer noch auf der Ersatzbank. Bislang hat sich keiner getraut, den Trainer auf sein Versprechen anzusprechen. Er wirkt in letzter Zeit so gestresst und reagiert oft aggressiv. Dabei hatten sie sich doch so gut verstanden.

Klaus denkt: «So geht das nicht weiter, vor dem nächsten Spiel werde ich ihn an sein Versprechen erinnern. Eigentlich haben wir doch einen guten Draht zueinander. Schließlich will ich nicht die nächsten Jahre auf der Ersatzbank verbringen.»

Kurt denkt: «Ich werde versuchen, mich in ein gutes Licht zu rücken. Vor allem darf ich ihn nicht gleich durch Meckern verärgern. Am besten mache ich immer das, was er sagt. Vielleicht nimmt er mich dann ins nächste Spiel.»

Zwei Menschen ziehen aus der gleichen Situation unterschiedliche Konsequenzen: Kurt ist sich unsicher, ob er die eigentlich gute Beziehung zum Trainer belasten darf. Er beschließt, seine Bedürfnisse zurückzustellen.

Klaus hingegen geht in die Offensive und fordert seine Bedürfnisse ein. Er fühlt sich in der Beziehung zu seinem Trainer sicher.

So ähnlich geht es Sigrid. Sie schont die Kollegin, indem sie zu allem Ja und Amen sagt. Aber in ihrem Innern – da tobt sie. Zu Recht, denn keinem Menschen bekommt es gut, mit der eigenen Meinung hinterm Berg zu halten.

Wenn auch Sigrid ihre scheinbare Schwäche in eine Stärke umwandeln möchte, dann sollte sie ihr Bedürfnis, auf die Beziehungsebene Rücksicht zu nehmen, ernst nehmen. Vielleicht geht ja beides: die Beziehung schonen und sich trotzdem durchsetzen? Denn dass Sigrid ihrer Kollegin Beate endlich mal die Meinung sagen muss, steht fest.

Im nächsten Abschnitt stelle ich Ihnen eine Technik vor, mit der beides gelingt: Durch die vorsichtige Art und Weise, Kritisches auszusprechen, schonen Sie die Beziehung. Gleichzeitig sagen Sie klipp und klar, was Sie am anderen stört.

Aus Wut wird Mut

Da scheint die Technik der Ich-Botschaft genau das Richtige zu sein. Sie besteht aus drei Stufen, mit deren Hilfe Sie sich trauen können, schwierige oder unangenehme Dinge offen auszusprechen. Das Gute an der Ich-Botschaft ist, dass man so wenig Ärger wie möglich auslöst. Am einfachsten kann man sich die Ich-Botschaft mit den drei «W» merken:

Wahrnehmung

Beschreiben Sie möglichst neutral und wertfrei, was Sie in einer bestimmten Situation beim anderen wahrgenommen haben. Vorerst geht es nur darum, das beobachtete Verhalten zu beschreiben.

Wirkung

Beschreiben Sie nun die (Aus-)Wirkung des gezeigten Verhaltens. Auswirkungen können sowohl sachlicher als auch persönlicher Natur sein. Hier dürfen Sie ruhig über ihre Gefühle sprechen.

Wunsch

Erzählen Sie, was Sie in Zukunft anders haben möchten. Ihr Gesprächspartner sollte möglichst genau wissen, was er beim nächsten Mal konkret anders machen soll.

Das folgende Beispiel verdeutlicht, wie es funktioniert.

Stellen Sie sich vor, Sie gehen mit einem Kollegen in ein wichtiges Kundengespräch. Kurz zuvor haben Sie Ihre Rollenverteilung genau abgesprochen: Sie übernehmen die Produktpräsentation, der Kollege klinkt sich bei den Preisverhandlungen ein. Und als Sie gerade mittendrin sind, fällt er Ihnen ins Wort und stiehlt Ihnen die Show. Immer wieder werden Sie unterbrochen, und am Ende haben Sie den roten Faden komplett verloren.

Wenn Sie den Kollegen nun im Anschluss für sein Verhalten kritisieren möchten, ohne die vielleicht trotzdem gute Kollegen-Beziehung zu gefährden, dann sollten Sie Ich-Botschaften formulieren. Sie könnten ihm natürlich deutlich zu verstehen geben, was für ein blöder Hund er ist – aber mal ehrlich, wie wollen Sie gut zusammenarbeiten, wenn Sie sich gegenseitig beschimpfen? Viel einfacher geht es mit der Ich-Botschaft.

Sie sagen: «Vorhin beim Kunden hast du mich während meiner Präsentation ein paarmal unterbrochen, um ergänzende Ideen einzubringen.» (Wahrnehmung)

«Darauf war ich nicht eingestellt, weil wir ja vorher eine klare Aufgabenverteilung besprochen hatten. Dadurch habe ich den roten Faden in der Präsentation leider verloren. Darüber habe ich mich geärgert.» (Wirkung)

«Ich hoffe, dass du dich nächstes Mal an unsere Absprachen hältst.» (Wunsch)

Die Ich-Botschaft gibt Ihnen die größtmögliche Sicherheit, dass eine Beziehung heil bleibt, selbst wenn Sie etwas Unangenehmes ansprechen.

Sigrid hat es versucht. Im nächsten Abschnitt sehen Sie, wie gut es funktioniert hat.

Wahrheit bringt Klarheit

Mittlerweile sind etliche Wochen vergangen. Beate hat längst in der neuen Abteilung begonnen, als die beiden ehemaligen Kolleginnen sich zufällig in der Kantine treffen. Sigrid ergreift die Gelegenheit, um mit Beate zu sprechen.

«Hallo Beate, wir haben uns ja lange nicht gesehen. Geht's dir gut im neuen Team?» «Hallo Sigrid …», unsicher schaut Beate zur Seite und nimmt sich schon mal ein Tablett vom Stapel. «Lass uns doch zusammen essen, dann kannst du mir erzählen, wie's bei dir so läuft. Hast du Lust?» Sigrid schaut Beate aufmunternd an und lächelt. Der anderen steht das schlechte Gewissen förmlich ins Gesicht geschrieben, aber sie nickt. «Klar, gerne, können wir machen.» Kurze Zeit später haben sie einen ruhigen Platz im hintersten Teil der Kantine gefunden. Nachdem Beate berichtet hat, wie gut sie sich bereits eingelebt hat, kommt Sigrid zur Sache. «Weißt du, Beate, um ehrlich zu sein, es war am Anfang gar nicht so einfach, ohne dich klarzukommen. Schließlich ist es immer hart, eine nette Kollegin zu verlieren, die einem ans Herz gewachsen ist.» Sigrid freut sich, dass Beate bei dieser Bemerkung endlich einmal lächelt, «und dann war da ja immer noch das Problem mit Klaus …» «Ich weiß», unterbricht Beate hastig, «du glaubst gar nicht, wie schwer mir das damals gefallen ist, zu gehen. Aber die Claudia, weißt du, meine neue Teamleiterin, die hat damals so einen Druck gemacht. Entweder du entscheidest dich jetzt sofort oder die Stelle bekommt jemand anderes, hat sie gesagt. Da hab ich halt die Chance ergriffen.» Unsicher und ängstlich schaut sie die ehemalige Kollegin an. «Ich erinnere mich», Beate schaut die Kollegin direkt an, «das war eine besonders schwierige Zeit. Wir hatten gerade geplant, den Betriebsrat einzuschalten, und ich bin davon ausgegangen, dass wir unseren Plan gemeinsam durchziehen. Und plötzlich warst du von einem Tag auf den anderen verschwunden», unruhig rutscht Beate bei diesem Satz auf ihrem Stuhl hin und her. «Das tut mir immer noch so leid», beginnt sie, aber Sigrid fährt unbeirrt fort: «Ich musste mir dann überlegen, ob ich allein weitermache. Schließlich bin ich Klaus ein Dorn im Auge und muss aufpassen, dass ich mir keinen schlechten Ruf einhandle.» Sigrid ist jetzt sichtlich erregt. Unruhig knetet sie ihre Hände, ihr Essen hat sie längst beiseite geschoben. «Was ich dir aber noch sagen wollte, ich war damals sehr enttäuscht und fühlte mich allein gelassen. Natürlich kann ich verstehen, dass du gute Gründe hattest, das Team zu verlassen. Aber ich hätte mir gewünscht, dass du mir vorher Bescheid sagst.» Jetzt ist es raus. Erleichtert sinkt Sigrid auf ihrem Stuhl zusammen. Sie schaut die Kollegin an, die beschämt den Kopf nach unten sinken lässt. «Du hast recht, das war falsch. Ich bin froh, dass du mir das gesagt hast. Immer wieder hab ich versucht, dich darauf anzusprechen, aber ich konnte nicht. Ich hatte so ein furchtbar schlechtes Gewissen. Ich würde das gerne wiedergutmachen. Wenn ich dir mit Klaus irgendwie helfen kann, dann lass es mich wissen.»

Ein voller Erfolg: Beate fühlte sich nicht angegriffen, sie konnte ihren Fehler zugeben und Sigrid sogar ihre Unterstützung anbieten. Vielleicht gibt es einen kollegialen Neuanfang?

Wenn Sie unter Druck sind, weil Sie nicht genug leisten

«Pass auf, Thomas, ich erklär es dir noch mal», schwungvoll wendet sich Bernd Seidler dem Whiteboard zu und malt Zahlen und Spalten auf. «Wenn wir am Ende der 38. Kalenderwoche unsere Ziele erreichen wollen, musst du mit deinem Team schneller werden.» «Ich weiß», erwidert Thomas Ritter, der Projektleiter bei der Prozessoptimierung, «aber in der Arbeitsvorbereitung sind zwei Leute krank geworden. Ist doch klar, dass die Daten jetzt nicht so schnell geliefert werden können wie geplant.» «Mensch, Thomas», Bernd Seidler setzt sich zu seinem Mitarbeiter an den Tisch schaut ihm direkt in die Augen, «du weißt doch genau, dass wir die Termine trotzdem einhalten müssen. Und auch für dich hängt viel davon ab.» Bernd Seidler setzt sich zurück an den Konferenztisch und fährt fort: «Deine Performance muss endlich besser werden. Und dafür musst du dieses Mal die Termine unbedingt einhalten.» «Du kannst dich auf mich verlassen», erwidert Thomas schnell und streicht nervös seine Haare zurück. Er muss seinen Chef unbedingt beruhigen, sonst macht der noch mehr Druck. Schweißperlen treten auf seine Stirn. «Es hilft nichts», beendet Bernd Seidler das Gespräch. «Auch wenn es dir unangenehm ist, du musst deinen Leuten Druck machen, sonst hast du selbst ein Problem.»

Hausgemachter Stress

Es ist schwer, sich trotz hohem Erwartungsdruck zu Höchstleistungen zu motivieren. Da kann es schnell passieren, dass man sich getrieben fühlt und auf stur stellt. Blockade halt. Aber nicht nur sein Chef treibt ihn an, auch von innen wird Thomas Ritter getrieben. «Streng dich an», ruft eine innere Stimme. Oder «Sei nicht so faul», ermahnt sein eigener innerer Antreiber. Nun kommt der Druck von zwei Seiten.

Kein Wunder, dass sein Verstand mit einem Blackout reagiert. Bei so viel Druck kann kein Mensch in Ruhe arbeiten.

Von innen treibt der Antreiber, von außen fordert der Chef. Beide ziehen und zerren an ihm. Thomas gibt alles, um beiden gerecht zu werden, ohne Erfolg. Seine Leistungen werden nicht besser. Am liebsten würde er alles hinwerfen, aber selbst da kommt ihm sein Antreiber in die Quere: «Streng dich an», ruft er. Und Thomas gehorcht.

Übertriebene Leistungsansprüche verstärken den Stress.

So einen inneren Antreiber hat übrigens jeder, denn jeder von uns braucht einen inneren Motor, der dafür sorgt, dass wir uns anstrengen. Als Kind in der Schule, wenn es um gute Noten geht, und später im Job, wenn es um die eigene Karriere geht. Der innere Antreiber hilft uns am Ball zu bleiben, wenn wir eigentlich keine Lust mehr haben, weiterzumachen.

Hier ein Steckbrief des inneren Antreibers zum Kennenlernen:

Der innere Antreiber

- stellt hohe Ansprüche an uns selbst
- verlangt von uns Perfektion und Vollkommenheit
- sagt uns, dass wir uns zusammenreißen und anstrengen müssen

Manchmal, wenn wir besonders unter Druck stehen, hören wir sogar Gedanken und Sätze, die auf das Konto des Antreibers gehen. Ich nenne sie die Antreiber-Befehle.

Kommandos von innen

Haben Sie schon mal in sich hineingehorcht? Kennen Sie das, wenn Sie sich unbewusst zu mehr Leistung anspornen? Hier eine Auswahl typischer Antreiberbefehle – ist Ihrer dabei?

> Sei stark!
> Sei perfekt!
> Sei schnell!
> Streng dich an!
> Mach es allen recht!

Ob ein Antreiberbefehl nützlich oder schädlich ist, entscheiden allein seine Dominanz und seine Lautstärke. Erst wenn sich Denken, Fühlen und Handeln diesem einzigen Befehl unterordnen müssen, schadet er. Am besten lernen Sie Ihren inneren Antreiber besser kennen. Wie ist er entstanden? Und seit wann ruft er hörbar seine Befehle?

Bei Helen, einer engagierten Diplom-Kauffrau, hat sich der innere Antreibersatz folgendermaßen entwickelt:

Die kleine Helen ist fünf Jahre alt und lebt mit ihren Eltern und ihren zwei kleinen Geschwistern zusammen. Heute kommen die Großeltern zu Besuch, und sie freut sich schon seit Tagen darauf, Oma und Opa wiederzusehen. Doch als sie da sind, ist die Enttäuschung groß. Die Großeltern haben nur Augen für die niedlichen Zwillinge, die ein Jahr alt sind. Nur sie werden auf den Arm genommen und gedrückt. Nur sie werden beachtet, und nur über sie wird gesprochen. Helen steht wie ein überflüssiges Möbelstück daneben und wird immer trauriger. Doch dann kommt doch noch ihr großer Moment. Als die Eltern erzählen, dass Helen sich neulich im Wald verlaufen hat, weiß ihr Vater stolz zu berichten, dass sie ganz allein wieder nach Hause gefunden hat und noch nicht einmal geweint hat. «Sei stark», lautet die Botschaft, die Helen jetzt lernt. «Sei stark», zeige keine Schwäche, dann bekommst du die Anerkennung, die du brauchst.

Elf Jahre später: Helen ist gerade Schulsprecherin geworden. Sie hat es geschafft, sich gegen viele Mitbewerber durchzusetzen. Eine davon ist ihre beste Freundin, die nach der Wahl kein Wort mehr mit ihr spricht. Stattdessen setzt sie böse Gerüchte über Helen in die Welt. Helen habe die Wahl manipuliert, heißt es, und Helen habe sich die Gunst einiger Mitschüler durch Anbiederung erschlichen, heißt es weiter. «Sei stark», ruft Helens innerer Antreiber. Und Helen bleibt stark. Kein Wort wechselt sie mit der falschen Freundin, auch nicht, als die sich nach einigen Wochen bei ihr entschuldigen möchte. Stärke zu zeigen macht sich bezahlt, das merkt Helen, wenn sie es schafft, ihre Gegner in endlosen Diskussionen mundtot zu machen. Schließlich wird sie im folgenden Jahr mit überwältigender Stimmenzahl wiedergewählt.

Dass sie kaum Freunde hat, macht ihr nicht so viel aus, schließlich ist sie ja Schulsprecherin, da hat sie genug andere wichtige Kontakte.

Die eigene Lebensgeschichte formt die eigenen Leistungsansprüche.

Weitere elf Jahre später: Helen hat seit Kurzem einen Traumjob angenommen. Als Assistentin der Geschäftsleitung übernimmt sie ihr erstes Projekt im Change Management eines Markenherstellers. Die Geschäftsleitung bindet sie von vornherein in alle wichtigen Meetings mit ein. Schon bald hat Helen einen 12-Stunden-Tag, aber das macht ihr nichts aus, sie ist hart im Nehmen. «Sei stark», ruft ihr Antreiber. Helen gibt alles, sie kommt selbst krank zur Arbeit, sie sagt nie Nein, wenn es um Zusatzaufgaben geht, und wenn es sein muss, arbeitet sie auch am Wochenende. «Ich bekomme bestimmt eine Super-Beurteilung», denkt Helen, als sie in ihr erstes Mitarbeiter-Gespräch geht. Sie ist geschockt, als ihr Chef erklärt, sie habe nach einem Jahr noch immer kein Profil gezeigt. Sie arbeite zwar hart, könne aber offenbar keine Prioritäten setzen. «Sei stark» hat Helen zwar zum Arbeitstier gemacht, der ersehnte Erfolg hat sich aber leider nicht eingestellt.

Das Beispiel von Helen zeigt, wie sinnlos es ist, dem eigenen inneren Antreiber blind zu folgen. Ein dominanter innerer Antreiber muss ausgebremst werden. Vor allem, wenn er sich auf eine völlig unkritische Art und Weise mit dem Leistungsdruck von außen verbündet.

«Wie denn?», werden Sie sich jetzt vielleicht fragen. Davon, wie Sie sich selbst mit eigenen positiven Gedanken lenken und entstressen können, handelt der folgende Abschnitt.

Reden Sie sich gut zu

Es mag sonderbar klingen, aber wir können tatsächlich mit uns selbst, also auch mit unseren inneren Antreibern, kommunizieren. In der Psychologie nennt man das Selbstverbalisation. Vor allem die Sportpsychologie hat in den letzten Jahren erkannt, dass man leistungsfähiger ist, wenn man sich vor einem Wettkampf mental fit hält. Hochleistungssportler suchen sich spezielle positive Leitsätze aus, die den Leistungsstress reduzieren und die Konzentrationsfähigkeit fördern. Einen Antreiber-Befehl kann da keiner gebrauchen. Warum auch? Die innere Anspannung hat sowieso schon das äußerste Maß erreicht. Keiner würde den Bogen jetzt unnötig überspannen.

Eine Woche später: Thomas Ritter sitzt lange nach Feierabend immer noch in seinem Büro. Sein Blick ist starr auf den Bildschirm gerichtet, vor ihm stapeln sich Papiere. Eigentlich wollte er schon vor einer Stunde mit der Analyse fertig sein, aber er kann sich beim besten Willen nicht mehr konzentrieren. Morgen früh hat er einen Besprechungstermin mit Bernd Seidler. Dieses Mal möchte er perfekt vorbereitet sein. Wie eingefroren sitzt er da, den Oberkörper verkrampft nach vorne gebeugt. Verzweiflung macht sich in ihm breit. «Ich schaffe es nicht», schießt es ihm durch den Kopf. «Ich habe keine Kraft mehr. Dieser Aufgabe bin ich einfach nicht gewachsen.» Mit einer Handbewegung fegt er alle Zettel vom Tisch.

Und obwohl dieses Gefühl, es nicht mehr zu schaffen, so schrecklich ist, merkt er gleichzeitig, wie erleichtert er ist. Mit einem tiefen Seufzer lehnt er sich langsam zurück. «Genau so ist es – ich schaffe es nicht, endlich ist es raus.»

Wenn Sie glauben, dass Thomas jetzt alles hinwirft, haben Sie sich getäuscht. Im Gegenteil, das Eingeständnis, es nicht mehr zu schaffen, ist wie ein Ventil. Endlich kann er Dampf ablassen. Und was da alles zum Vorschein kommt:

Stellen Sie Ihre Leistungsansprüche ruhig mal in Frage.

> «Ich brauche mehr Zeit für mich.»
>
> «Ich will endlich mal wieder ein ganzes Wochenende lang schlafen und lesen.»
>
> «Ich brauche mehr Zeit, um die Projektaufgabe konzentriert zu erledigen.»
>
> «Meine Kollegen zu unterstützen ist mir wichtig.»
>
> «Am Anfang der Prozessanalyse brauche ich genügend Zeit, um mich einzuarbeiten. Wenn ich erst mal drin bin, macht es mir nichts mehr aus, unter Druck zu arbeiten, dann fühle ich mich in der Materie sicher.»

Wie befreiend es wirkt, eigene Bedingungen zu stellen, anstatt blind dem Antreiber zu folgen!

Thomas nimmt sich neue Zettel und schreibt auf, wie er in Zukunft mit seinen Antreiberbefehlen umgehen will. Anstatt «Sei perfekt» steht da jetzt «Du bist gut genug, so wie du bist». Oder: «Meistens sind 90 Prozent auch ausreichend.»

Schon am nächsten Tag kann er förmlich spüren, um wie viel leichter ihm ums Herz wird, wenn der Druck von innen nachlässt. Diese Erleichterung spüren auch seine Mitarbeiter. Sie danken es ihm mit mehr Leistungsbereitschaft.

Übung gegen den inneren Druck

Wenn Sie also das nächste Mal unter Druck stehen, weil sie glauben, zu wenig zu leisten, sollten Sie zunächst einmal ihren inneren Druck abbauen. Nehmen Sie sich vier Wochen Zeit, in denen Sie ein ganz persönliches Experiment mit Ihrem inneren Antreiber durchführen.

Finden Sie heraus, was Ihr innerer Antreiber sagt (siehe oben, «Antreiberbefehle»). Überlegen Sie sich außerdem, wie Ihr innerer Antreiber aussieht, wie seine Stimme klingt und wie laut diese Stimme ist.

Überlegen Sie, wie lange Sie diesen Antreiberbefehl schon kennen. Ist er ein alter Vertrauter oder ist der Befehl, den Sie gerade hören, ganz neu?

1. Woche: Führen Sie eine Woche lang Tagebuch. In welchen Situationen spüren Sie den Druck besonders stark? Beschreiben Sie in kurzen Stichpunkten fünf Situationen, in denen Sie unter Druck stehen, und bewerten Sie auf einer Skala von 1 bis 5, wie schwierig und belastend diese Situationen sind (1 = kaum belastend / 5 = stark belastend).

2. Woche: Erstellen Sie eine Beobachtungstabelle nach folgendem Schema:

Situation	Bewertung	Antreiberbefehl
Vorgesetzter kritisiert meine Vorbereitungen	5	Sei perfekt

Tabelle 2: Beobachtungstabelle

Ändern Sie Ihren Antreiberbefehl. Aus «Sei perfekt» kann «Ich gebe mein Bestes, ohne an mir zu zweifeln» werden.

3. Woche: Machen Sie es wie die Hochleistungssportler und unterstützen Sie sich in schwierigen Unter-Druck-Situationen, indem Sie sich vorher, währenddessen und nachher die neuen Leitsätze hersagen. Bewerten Sie jede Situation, in der Sie Druck spüren, neu. Wenn Sie möchten, können Sie eine vierte Spalte anlegen und dort Ihre Beobachtungen eintragen. Sie werden überrascht sein, wie sich die Situationen verändern, wenn Sie sie aus einer anderen Perspektive betrachten.

Verändern Sie Ihre Antreiber-Befehle, indem Sie sie besser kennenlernen!

4. Woche: Setzen Sie Ihre Beobachtungen fort, aber bleiben Sie bei den einmal ausgewählten Situationen. Welche Veränderungen können Sie in der zweiten Woche feststellen?

Sollte es jetzt noch Situationen geben, die sich auch nach vier Wochen nicht verändert haben, dann sollten Sie jetzt mit Ihrem Vorgesetzten ein Gespräch führen. Finden Sie gemeinsam heraus, inwiefern Sie gemeinsam bessere Bedingungen für bessere Leistungen schaffen können.

«So, wie ich bin, bin ich gut genug», hatte Thomas als positiven Antreiberbefehl formuliert. Seitdem können er und Bernd wieder besser über ihre gemeinsamen Projekte sprechen. Der äußere Druck ist zwar noch da, seinen inneren Druck hat Thomas jedoch abgebaut.

Positive Antreiberbefehle machen Sie leistungsstark, ohne Druck aufzubauen.

Thomas kann jetzt entspannter auf Kritik reagieren, und Bernd ist froh, dass Thomas nicht mehr stocksteif vor ihm sitzt, sondern konkrete Vorschläge macht.

In diesem Kapitel ging es darum zu lernen, übertriebene Ansprüche an sich selbst herunterzuschrauben. Mit Hilfe von positiv formulierten Antreiberbefehlen können Sie Situationen, in denen Sie unter Druck stehen, etwas entgegensetzen. Was aber, wenn Sie noch mehr wollen? Wenn Sie Ihren gesamten Joballtag entspannter gestalten möchten?

Lesen Sie doch jetzt gleich den zweiten Abschnitt im vierten Kapitel weiter. Dort erfahren Sie nämlich, wie Thomas Ritter mehr Spaß und Entspannung in seinen Alltag hineinträgt.

Wenn Sie verzweifelt sind, weil Sie immer verlassen werden

«The first cut ist the deepest», sang Rod Stewart Ende der Siebzigerjahre und setzte dem Trennungsschmerz der ersten großen Liebe ein musikalisches Denkmal. Scheiden tut weh, aber noch mehr schmerzt es, wenn man immer wieder verlassen wird. Denn dann tauchen Zweifel auf, die mit der Beziehung gar nichts mehr zu tun haben. «Liegt es an mir?» «Bin ich nicht liebenswert?» «Was mache ich eigentlich immer falsch?» – dies sind Fragen, die quälen und das Selbstwertgefühl mindern können. Keine gute Ausgangsbasis für die nächste Beziehung.

Wenn Sie immer wieder verlassen werden, liegt das sicher nicht daran, dass Sie etwas falsch machen oder weniger liebenswert sind als andere Menschen. Aber wenn Sie verlassen werden und sich dann auch noch die Schuld an allem geben, machen Sie sich das Leben unnötig schwer. Dieses Kapitel handelt davon, wie Sie den Ursachen einer Trennung auf den Grund gehen können, ohne die Schuld nur bei sich zu suchen. Denn nur dann, wenn das Schuldkonto einer Beziehung am Ende ausgeglichen ist, können Sie sich offen und unbelastet auf eine neue Partnerschaft einlassen.

Gute Gründe, sich zu trennen

Unter den Linden/Ecke Friedrichstraße läuft sie ihm fast in die Arme. Klaus hat Nadja drei Jahre nicht gesehen. «Hey, was machst du denn hier?», fragt sie. «Ich bin hier bei einem Kunden», antwortet er verlegen. Wie früher, da war er auch immer gleich unsicher, wenn sie ihn ansah. Zwei Stunden später sitzen sie immer noch in einem Restaurant um die Ecke. Es gibt viel zu erzählen.

Jeder findet jemanden, der zu ihm passt.

48

«Und – wie sieht's aus mit den Frauen?», fragt Nadja irgendwann neugierig. «Och», Klaus sieht verlegen aus dem Fenster, «im Moment läuft nicht so viel.» Nadja schweigt und schaut ihn an. Wie früher, mitten ins Herz. Jetzt, denkt Klaus bei sich, jetzt ist die Gelegenheit, ich frage sie einfach. «Nadja, wenn ich ehrlich bin, ich habe eigentlich nie verstanden, warum du mich verlassen hast, damals. Was habe ich falsch gemacht?» Mit halboffenem Mund starrt sie ihn an. Dann, nach der ersten Schrecksekunde, beugt sie sich leicht vor. «Was du falsch gemacht hast? Nun, was soll ich sagen? Ich bin gar nicht an dich herangekommen. Du warst immer so unnahbar, so cool. Ich habe mich in deiner Gegenwart ganz klein gefühlt. Und irgendwann habe ich es nicht mehr ausgehalten.» Wie gebannt lauscht Klaus Nadjas Worten. «Und es war nicht so, dass du dich mit mir gelangweilt hast?» «Was? Gelangweilt? Versteh ich nicht, was meinst du damit?» «Na, wie soll ich sagen, also …» Klaus druckst etwas herum, aber dann entschließt er sich, es auszusprechen. «Also, war es nicht so, dass du mich langweilig fandest?» «Nein», erstaunt schaut sie ihn an, «nein, wie kommst du darauf?»

Sie sind nicht daran schuld, wenn Sie verlassen werden.

Wie kommt Klaus darauf? Die Annahme, er könne langweilig sein und das wiederum könne der Grund dafür sein, warum er immer wieder verlassen wird, hat Klaus als Glaubenssatz tief verinnerlicht. In der Beziehung zu Nadja hat er alles getan, um nicht langweilig zu sein. Doch gerade in seinem Bemühen, das zu vermeiden, hat er andere Dinge, die für die Beziehung förderlich gewesen wären, übersehen. Genau deshalb hat Nadja ihn verlassen, nicht weil er langweilig war, sondern weil er nur damit beschäftigt war, nicht langweilig zu wirken.

Das können Sie verhindern. Gerade wenn Sie Angst haben, verlassen zu werden, ist es wichtig, dieser Befürchtung etwas Positives entgegenzusetzen. Bevor ich Ihnen zeige, was das sein kann, möchte ich erklären, wie diese unbewussten Befürchtungen überhaupt entstehen. Davon handelt der folgende Abschnitt.

Jeder bekommt das, woran er glaubt

«Was hat dir an mir gefallen, als du mich zum ersten Mal gesehen hast?» lautet eine Frage, die Paare sich manchmal nach Jahren stellen. War es die Haarfarbe? Der Blick? Oder die vorwitzige Art, wie sie sich in der Schlange im Supermarkt vorgedrängelt hat?

Wahrscheinlich war es alles auf einmal – oder von allem etwas. Denn im Moment des Verliebens spielen vielfältige Schlüsselreize eine Rolle, die Sehnsüchte und Bedürfnisse auslösen. Blitzschnell registrieren wir das Verhalten des anderen, seine Dominanz oder seine Zurückhaltung. Ohne es bewusst zu merken, löst die Art und Weise, wie da jemand eine Geschichte erzählt, eine vielleicht lange gehegte Sehnsucht nach Geborgenheit aus. Und zack, schon haben wir uns verliebt! Weil der Mensch einen besonderen Punkt in uns berührt hat.

Und während die Gefühle auf Hochtouren laufen, passiert noch etwas anderes: Zentrale Glaubenssätze, die wir mit Liebe und Bindung verknüpfen, tauchen plötzlich auf. Leider sind sie nicht immer positiv. Das hat ein Klaus vielleicht in früher Kindheit gelernt: «So schüchtern wie du bist, nimmt dich sowieso keine.» Oder einer Nadja wurde eingebläut: «Der Mann, der dich interessant findet, muss erst noch geboren werden.» Im Moment des Verliebens werden diese Sätze reaktiviert.

Unser Unbewusstes verfolgt von nun an zwei Ziele: diese Sätze zu widerlegen oder sie zu bestätigen. Wenn Sie also, wie Klaus, das Gefühl haben, dass Sie immer wieder verlassen werden, dann können Sie sicher sein: Es liegt nicht daran, dass Sie nicht liebenswert oder wertvoll sind. Schauen Sie sich um: Unscheinbare Frauen haben die tollsten Partner. Und völlig uninteressante Männer ziehen die attraktivsten Frauen an. Wie kommt das? Es liegt daran, dass es für jeden Menschen auf dieser Welt einen passenden Partner gibt. Irgendwo und überall. Und diesen Partner kann man finden. Das Problem ist nicht, dass Sie diesen Partner nicht finden können, sondern dass Sie selbst daran glauben müssen, dass Sie es wert sind, von diesem Partner geliebt zu werden.

Wobei wir wieder bei den Glaubenssätzen wären. Wenn Sie sich immer wieder sagen: «Ich bin es nicht wert, dass mich jemand nimmt», dann löst das bestimmte Gefühle aus. Sie fühlen sich automatisch minderwertig. Vor allem die psychologische Verhaltenstherapie hat in den Siebzigerjahren festgestellt, dass es einen direkten Zusammenhang zwischen Denken, Fühlen und Handeln gibt. Wenn Sie sich also minderwertig füh-

Unbewusste Befürchtungen können die Partnerschaft belasten.

len, dann beeinflusst und bestimmt dieses Gefühl Ihr Verhalten. Sie benehmen sich vielleicht zurückhaltend, unsicher oder verschlossen. So steuern Sie unbewusst den ersten Eindruck, den Sie auf andere Menschen machen.

Das ist so, als würden Sie morgens aufwachen und sofort denken: «Dies wird ein schlechter Tag. Es regnet, und ich muss heute länger im Büro bleiben.» Wenn Sie sich diese Sätze bis zum Frühstück oft genug eingeredet haben, ist die schlechte Laune garantiert da. In dieser schlechten Stimmung starten Sie in den Tag und warten unbewusst darauf, dass sich die negativen Erwartungen bewahrheiten. Sie verpassen den Bus – klar, ein Pechtag! In der Frühstückspause gießen Sie sich Kaffee über die weiße Bluse – logisch, der Pechtag eben! Jedes Missgeschick wird automatisch in das Denkschema «Hab ich's doch gewusst – dies ist ein schlechter Tag» einsortiert. Ich garantiere Ihnen, dass ein Tag, der so vorprogrammiert ist, auch schlecht endet.

Woran glauben Sie, wenn Sie sich verlieben? Die meisten Menschen nehmen ihre Leitsätze am deutlichsten wahr, wenn sie unglücklich sind. Im Liebesleid hört man ganz deutlich, was da aus dem Innern ruft. Man spürt, welche Zweifel an einem nagen. «Muss ich erst etwas leisten, um geliebt zu werden?» «Wird er mich sowieso verlassen, weil ich es nicht wert bin, geliebt zu werden?» Oder: «An diese Frau komme ich nie heran.»

Negative Gedanken machen Sie noch unglücklicher.

In solchen Momenten können Sie die Gelegenheit beim Schopf ergreifen und sich über Ihre negativen Leitsätze klar werden. Am besten schreiben Sie sie auf. Denn im nächsten Abschnitt sprechen wir darüber, wie Sie sie umformulieren können.

Von Grund auf erlernt

Als Klaus noch ein kleiner Junge war, wuchs er mit seinen drei älteren Schwestern auf, die alle sehr selbstbewusst waren. Neben ihnen hatte Klaus mit seiner Zurückhaltung und seiner Schüchternheit kaum eine Chance, Aufmerksamkeit zu bekommen. Später, als erwachsener Mann, hat er eine gut funktionierende Methode entwickelt, von seiner Schüchternheit abzulenken. Er wurde cool und unnahbar. Und siehe da, es klappte. Plötzlich interessierten sich alle Mädchen für ihn, ja, sie rissen sich förmlich um ihn. Wer hätte das gedacht, dass aus dem kleinen, schüchternen Klaus noch ein Frauenheld werden würde!

Bis sich das Blatt wendete. Immer dann, wenn eine Beziehung eine Weile andauerte, bekam es Klaus mit der Angst zu tun. Denn jetzt würde ja herauskommen, so dachte er, wie langweilig er eigentlich war. Also versuchte er, so lange wie möglich cool und unnahbar zu bleiben, um die Stunde der Wahrheit hinauszuzögern. Das Resultat: Frauen verließen ihn, weil sie nicht an ihn herankamen.

So wie Klaus geht es vielen Menschen. Doch ich versichere Ihnen: Mit solchen unbewussten Mechanismen müssen Sie sich nicht abfinden. Diesen Teufelskreis können Sie durchbrechen, indem Sie die Kraft eigener Gedanken nutzen und sich positiv steuern. Ich möchte Ihnen nun eine Übung vorstellen, mit der Sie Ihre eigenen Gedanken und Gefühle positiv beeinflussen können.

Ein positiver Glaubenssatz versetzt Problem-Berge

Wenn Sie verzweifelt sind, weil Sie immer wieder verlassen werden, dann ist Ihr Selbstbewusstsein wahrscheinlich am Boden. Die folgende Übung hilft Ihnen, ein positiveres Bild von sich selbst zu entwickeln. Gehen Sie dabei schrittweise vor. Wenn Sie möchten, lassen Sie sich zwischen den einzelnen Schritten ein bis zwei Tage Zeit. Oft ist es sinnvoll, die eigenen Gedanken eine Weile ruhen zu lassen, bevor Sie zum zweiten Übungsschritt weitergehen.

Schritt 1:

Nehmen Sie ein Blatt Papier und schreiben Sie auf, was Sie alles an sich selbst mögen. Hören Sie erst auf, wenn Sie mindestens 10 Punkte gefunden haben. Gehen Sie durch alle wichtigen Bereiche durch: äußeres Erscheinungsbild, Charaktereigenschaften, berufliche und persönliche Stärken. Wenn Sie unsicher sind, fragen Sie Freunde oder Familienmitglieder. Die Überschrift könnte sein: «Was ich an mir mag».

Schritt 2:

Überlegen Sie nun, was in Bezug auf Ihre Partnerschaft ein wichtiger Leitsatz ist. Wie gesagt, am deutlichsten hört man solche Sätze, wenn man unglücklich ist, am lautesten, wenn man gerade verlassen wurde. Schreiben Sie auf, warum Sie Ihrer Meinung nach nicht geliebt werden. Schreiben Sie auch diesen Satz auf ein anderes Blatt Papier.

Entdecken Sie, was an Ihnen liebenswert ist.

Die Überschrift könnte lauten: «Wie ich verhindere, glücklich zu werden».

Schritt 3:

Wenn Sie nun beides miteinander vergleichen, was fällt Ihnen auf? Vielleicht spüren Sie jetzt, dass beim Lesen der beiden Blätter unterschiedliche Gefühle auftauchen. Wie fühlen Sie sich, wenn Sie lesen: «Was ich an mir mag»? Ich bin mir sicher, dass Sie sich freuen und es Ihnen gut geht. Vielleicht sind Sie sogar ein bisschen stolz.

Wenn Sie nun das zweite Blatt mit dem negativen Leitsatz anschauen, wie ist es dann? Vielleicht werden Sie traurig oder deprimiert sein.

Schritt 4:

Entscheiden Sie sich nun bewusst für das positive Gefühl! Schauen Sie sich genau Ihre Stärken und liebenswerten Seiten an und formulieren Sie nun einen ganz wichtigen Satz:

«Ich bin ein Mensch, der … Eigenschaften hat. Ich verdiene eine/n Partner/in, der/die mich deswegen liebt.»

Sie sollten diesen Moment genießen. Spüren Sie, wie schön es sich anfühlt, wenn man geliebt wird, weil man so ist, wie man ist?

Schritt 5:

Wenn Sie eine gute Formulierung für einen positiven Leitsatz gefunden haben, sollten Sie ihn wie einen Schatz aufbewahren. Sie können ihn auf einen Zettel schreiben und im Portemonnaie mit sich herumtragen. Sie können ihn als Begrüßungstext auf Ihr Handy laden. Oder Sie malen ein Plakat und hängen es für eine Weile ins Wohnzimmer. Alles, was dazu beiträgt, dass dieser positive Leitsatz in Ihr Innerstes eindringt, ist erwünscht. Er wird Sie von nun an durch alle schwierigen Beziehungsmomente hindurch tragen.

Schritt 6:

Vernichten Sie den Satz auf dem zweiten Blatt. Wenn Sie möchten, können Sie ihn auch feierlich verbrennen. Ab heute gilt er nicht mehr.

Jedes Ende hat einen Anfang

Jede Trennung ist schmerzlich. Hoffnungen und Sehnsüchte haben sich nicht erfüllt. Man selbst hat das Gefühl, gescheitert zu sein.

Solche Gefühle zu haben ist richtig und wichtig. Trauen Sie sich, jetzt schwach zu sein. Nutzen Sie diese Zeit, um zu trauern. Es wird sicher eine Weile dauern, bis die traurigen Gefühle nachlassen und Sie sich für eine neue Liebe öffnen können.

Natürlich ist es wichtig, nach Gründen zu suchen, warum die Beziehung gescheitert ist. Nur eines sollten Sie nicht tun: Bestrafen Sie sich nicht zusätzlich, indem Sie sich an allem die Schuld geben. Denn das Ende einer Beziehung birgt auch die Chance für einen Neuanfang. Für Sie selbst, wenn Sie aus Ihren Fehlern lernen möchten, und für eine neue Beziehung, der Sie Ihr Vertrauen schenken.

2. Ohnmacht –

Warum Sie so keine Chance haben

Warum Sie nicht erfolgreich sein können, wenn Sie keine Fehler machen

Am 30. März 1867 unterzeichnete der damalige amerikanische Außenminister William Seward einen Kaufvertrag, den die Weltöffentlichkeit wenig später als «Sewards Dummheit» verspottete. Seward hatte für 7,2 Millionen Dollar dem Russischen Reich Alaska abgekauft. Viel zu viel für so einen unbedeutenden Flecken Erde, urteilte die öffentliche Meinung damals.

Dass dieser Kauf Weltgeschichte schrieb, liegt allerdings weniger an dem Ausmaß der Dummheit, sondern daran, dass aus diesem scheinbaren Fehler Jahre später einer der größten politischen Erfolge der USA wurde.

Kein Mensch ist unfehlbar. Und trotzdem tun wir immer noch so, als dürften Fehler nicht passieren. Daher geht es in diesem Kapitel um Fehler, die in jeder Firma tagtäglich passieren und die leider viel zu selten zu Erfolgen verwandelt werden. So wie bei der Samtweich AG, lesen Sie, was dort gerade Katastrophales passiert ist.

Wie konnte das passieren?

In einer Atmosphäre der Angst gibt keiner gerne einen Fehler zu.

Frau Schmidt zuckt zusammen, als Thomas Schröder, ihr Chef, mit der flachen Hand auf den Tisch haut. Drei Sekunden später stürzt er mit hochrotem Kopf an ihr vorbei und zur Tür hinaus in die Produktionshalle. Etwas ganz Schlimmes muss passiert sein, denkt sie noch, sonst wär er nicht so. Und richtig, eine Stunde später weiß es die ganze Firma. Die Drogeriekette MyWay hat festgestellt, dass in der letzten Lieferung des Deodorants Sky der Duftstoff fehlte. Weitere Recherchen ergaben, dass der Produktionsfehler während der Schicht vom 27. Februar passiert sein muss.

Thomas Schröder kocht innerlich, als er zwei Stunden später mit den Schichtleitern zusammensitzt. «Ich brauche Ihnen wohl nicht zu sagen, dass so etwas eigentlich nicht passieren darf», startet er seine Standpauke. Fünf Schichtleiter blicken peinlich berührt zur Seite, während ihr Chef aufgeregt wieder und wieder den Konferenztisch umrundet. «Aber eines kann ich Ihnen versichern, das wird Konsequenzen haben. Und damit Sie sehen, wie ernst ich es meine, kündige ich jetzt schon mal an, jeden von Ihnen einzeln zu befragen. Ich will einen lückenlosen Bericht, und zwar bis spätestens morgen früh. Ich will jeden Produktionsablauf zwischen dem 26. und 28. Februar bis ins Kleinste dokumentiert sehen.» Klaus Koch ist der Einzige, der sich traut, eine Frage zu stellen: «Aber Chef, wie sollen wir das anstellen? Der Laden läuft doch nebenbei weiter. In drei Stunden ist die Schicht zu Ende, das schaffe ich niemals.»

Da haut Thomas Schröder zum zweiten Mal auf den Tisch. Dieses Mal noch lauter als vorher. «Das ist mir völlig egal», brüllt er, «und wenn Sie die ganze Nacht hierbleiben! Morgen früh um Punkt acht will ich die Berichte auf meinem Schreibtisch sehen. Ansonsten werden hier Köpfe rollen!»

Glauben Sie, dass Thomas Schröder jemals herausbekommen wird, was in der Produktion schiefgelaufen ist? Ich glaube es nicht. Im Gegenteil, die Schichtführer werden alles daran setzen, den Fehler zu vertuschen. Weil sie ihren Kopf nicht durch die Produktionshalle rollen sehen wollen.

Natürlich ist es verständlich, dass Thomas auf hundertachtzig ist. Schließlich muss er für den Fehler geradestehen. Doch er muss sich entscheiden: Will er sich abreagieren oder will er die Fehlerquelle

Nur wer Fehler macht, entwickelt sich weiter.

finden? Lässt er seine Wut an seinen Mitarbeitern aus, werden sie nicht offen mit ihm über die Ursachen reden. Deshalb wird genau der gleiche Fehler beim nächsten Mal wieder passieren. Weil sich keiner mit der Ursache beschäftigt hat und niemand die Chance hatte, aus diesem Fehler zu lernen.

Denn dazu sind Fehler eigentlich da. So war es schon immer in der Geschichte der Menschheit: Nur weil wir Fehler gemacht haben und aus diesen Fehlern gelernt haben, sind wir so hoch entwickelt. Davon mehr im nächsten Abschnitt.

Irren ist menschlich und wichtig

Das sagt auch die Hirnforschung. Wissenschaftler wie zum Beispiel Prof. Dr. Gerald Hüther behaupten, dass unser Gehirn sich nur deshalb so prächtig entwickelt hat, weil Generationen von Vorfahren Fehler gemacht haben. Nur aufgrund von Fehlentwicklungen wurden wichtige Lern- und Anpassungsprozesse in Gang gesetzt. Denn vor Millionen von Jahren konnten sich zunächst nur diejenigen Lebewesen durchsetzen, die ihre Fähigkeiten spezialisierten. Einige konnten dem Feind besser durch Wegfliegen entkommen, andere konnten schnell weglaufen, und einige hatten die perfekte Farbe oder Musterung, um sich zu tarnen. So konnten diese Spezialisten Lebensraumnischen besetzen, aus denen sie keiner vertrieb. Und dann gab es einige, die den Anschluss verpassten, die den Fehler machten, sich nicht zu spezialisieren. Das waren unsere Vorfahren. Ringsherum waren plötzlich alle Nischenplätze mit Spezialisten besetzt. Also besetzten die Übriggebliebenen einen Lebensraum, in dem sie alles können mussten: sehen, riechen, weglaufen, klettern und noch mehr.

Diese Lebewesen, unsere Urahnen, die den Wettbewerb eigentlich verloren hatten, bekamen als Einzige die Chance, ein Gehirn zu entwickeln, das für möglichst vieles offen war. Sie mussten sich anstrengen, um ihre Probleme in den Griff zu bekommen. Die anderen, die sich in ihrer Nische perfekt eingerichtet hatten, blieben in ihrer Entwicklung stehen. Es gab für sie keine Herausforderung mehr.

Heutzutage ist es nicht anders. Der Mensch und sein Gehirn müssen sich ständig verändern, um sich optimal anzupassen. Und genau in dem Übergang zwischen «Es funktioniert ja noch alles» bis zu «Jetzt müssen wir aber etwas anders machen» passiert ein Fehler, vielleicht sogar ein gravierender mit schlimmen Folgen. Nur deswegen lernen wir etwas Neues dazu, weil etwas schiefgeht.

Was falsch daran ist, alles richtig zu machen

Vielleicht weiß Thomas Schröder sogar, dass es falsch ist, seine Mitarbeiter unter Druck zu setzen. Aber er kann eben nicht anders. Seine Wut ist so groß, dass er sie unbedingt loswerden muss.

Ich glaube, dass hier das eigentliche Problem liegt: Dass Fehler passieren, ist uns bewusst, aber wie man damit umgeht, dass man aus ihnen lernt, dass wissen viele nicht. Weil nicht darüber geredet wird. Viele Menschen haben keine Ahnung, welche Fehler ihr Chef toleriert und welche nicht. Da tut man lieber so, als würde man alles richtig machen. Das ist immer noch besser als blöd dazustehen und sich schlecht zu fühlen.

Wer etwas falsch macht, schämt sich nämlich und wird deswegen wütend, traurig oder resigniert. Kein Mensch freut sich, wenn ihm etwas misslingt.

Was wäre also, wenn man sich nicht schämen und verstecken müsste, wenn man etwas falsch macht? Wir hätten die Chance, unmittelbar aus dem Fehler zu lernen. Ohne die Umwege über Wut, Ärger, Scham und unnötige Beschuldigungen zu gehen.

Regelmäßige psychologische Untersuchungen des Gallup-Instituts zeigen, dass Teams, die in einer Atmosphäre von Unterstützung und Offenheit arbeiten, schneller mit schwierigen Veränderungsumständen fertig werden als Teams, die unter starkem sozialen Druck und starker sozialer Kontrolle stehen.

Wenn also in Ihrem Team etwas richtig schiefläuft, sollten Sie als Vorgesetzter oder Kollegin zuallererst dafür sorgen, dass die Fehlerquellen in einer ruhigen, respektvollen Atmosphäre analysiert werden. Schaffen Sie einen Rahmen, in dem Fehler erwünscht sind, damit sie am Ende zu einem Erfolg vergoldet werden können.

Der folgende Abschnitt zeigt, wie das geht.

Fehler vergolden

Drehen wir einmal die Uhr zurück. Es ist Mittwochmorgen und Thomas Schröder hat gerade erfahren, dass in seiner Linie ein grober Produktionsfehler aufgetreten ist. Sie wissen schon, der fehlende Duftstoff. Am besten behält er beim Analysieren jetzt beides im Blick: die Fehlersuche und die positive Fehler-Such-Atmosphäre.

Bleiben Sie sachlich, wenn Sie die Fehlerquelle suchen.

Schauen Sie, wie der Fehler-Regulierungs-Kreis in untenstehender Tabelle die einzelnen Phasen einer Fehleranalyse beschreibt. In der Spalte ganz rechts sehen Sie auch, welche Gefühle dabei hochkommen.

	Thema	Gefühl
Phase 1:	Fehler erkennen	«Ich habe versagt.» «Ich schäme mich.» «Ich bin sauer auf mich.»
Phase 2:	Fehler analysieren	Kühler Kopf Klarer Verstand
Phase 3:	Neu planen	Mut Hoffnung Zuversicht
Phase 4:	Das Neue umsetzen	Spaß Unsicherheit
Phase 5:	Ergebnisse messen	Kühler Kopf Klarer Verstand
Evtl. zurück zu Phase 1		
Bei Erfolg: Phase der perfekten Performance		

Tabelle 3: Der Fehler-Regulierungs-Kreis

Eine vertrauensvolle Atmosphäre hilft, aus Fehlern zu lernen

Thomas Schröder hat alle Schichtleiter zusammengetrommelt. Er möchte wissen, was am 27. Februar schiefgelaufen ist. Er sagt: «Leute, wir müssen so schnell wie möglich herausbekommen, was da passiert ist. Ich weiß, dass ihr alle gewissenhaft seid. Trotzdem ist in irgendeiner Schicht ein gravierender Fehler passiert. Auch wenn das eigentlich nicht vorkommen darf, weiß ich, dass so etwas dennoch passieren kann. Lasst uns jetzt gemeinsam dran arbeiten, Ähnliches in Zukunft zu vermeiden. Ich brauche jetzt eure Hilfe.»

In Phase 1 sagt Thomas Schröder klipp und klar, worauf es ihm ankommt: den Fehler zu suchen, nicht den Schuldigen zu finden. Durch seine Wortwahl gelingt es ihm, die Anwesenden zur Mitarbeit zu motivieren.

Phase 2: «Zunächst einmal müssen wir herausbekommen, was da im Einzelnen gelaufen ist. Bitte geht alle Dokumentationen noch einmal durch. Morgen früh um 9.00 Uhr möchte ich mich mit euch zusammensetzen, um alles durchzugehen. Das heißt, dass ihr heute länger bleiben müsst. Wenn es irgendwie geht, sollten wir heute noch herausfinden, was in den betreffenden Schichten passiert ist. Ihr wisst, dass die Produktion erst dann weiterlaufen kann, wenn wir den Fehler gefunden haben.»

Phase 3 – einen Tag später: Die Berichte zeigen deutlich, woran es gelegen hat. Aufgrund eines technischen Defekts wurde der Duftstoff nicht zugesetzt. Unglücklicherweise hatte die Endkontrolle am 27. Februar nach der Spätschicht nicht richtig aufgepasst. Werner, der zuständige Schichtleiter, erinnert sich, womit das zusammenhing. Der Kollege war kurz zuvor krank geworden. In seiner Not hatte Werner einen Kollegen dorthin gesetzt, der noch unerfahren ist. Später bestätigte sich: Aus Unsicherheit hatte der unerfahrene Kollege sich nicht getraut, Bescheid zu sagen, als die ersten Unregelmäßigkeiten auftraten.

«Ich bin froh, dass wir die Ursache so schnell herausgefunden haben. Danke an euch alle, dass ihr mitgearbeitet habt. Danke, Werner, dass du so offen warst. Wir haben dadurch viel Zeit gespart. Lasst uns jetzt nachdenken, wie wir so etwas in Zukunft vermeiden können. Habt ihr Vorschläge?»

In Phase 3 bestärkt Thomas seine Mitarbeiter in ihrer Offenheit und in ihrem Mut. Er bleibt sachlich, vermeidet unnötige Vorwürfe und richtet den Blick so bald wie möglich nach vorne. Thomas legt Wert darauf, dass alle gemeinsam über eine neue Lösung nachdenken.

Zwei Wochen später, Phase 4: Das Team hat mittlerweile erste Erfahrungen mit der Neuregelung des End-Prüfverfahrens gemacht. Hier gilt nun ein konsequentes Vier-Augen-Prinzip. Thomas ermutigt die Schichtführer, offen für neue Erfahrungen zu sein und kritisch zu überprüfen, was funktioniert und was nicht. Klaus Koch berichtet: «Also bei mir in der Schicht läuft es mittlerweile ganz gut. Wichtig ist vor allem, dass die beiden Kollegen, die nun gemeinsam die Endkontrolle machen, sich auch vertrauen. Wir haben besprochen, dass es nicht darum geht, sich kontrolliert und bevormundet zu fühlen. Daher setze ich im Moment immer zwei Kollegen zusammen, die sich gut verstehen. Sonst könnte es Ärger geben, und dann besteht wieder die Gefahr, dass Unsicherheiten nicht zur Sprache kommen.»

Phase 5: Auch wenn bis jetzt alles gut gelaufen ist, sollten Sie sich abschließend mit allen zusammensetzen, die bei der Fehler-Analyse beteiligt waren. Nun ist es wichtig, entweder den Erfolg gemeinsam zu feiern oder festzustellen, das der Fehler noch immer nicht behoben ist und alles noch einmal von vorne losgehen muss. Freuen Sie sich mit allen, wenn Sie jetzt schon erfolgreich waren. Falls nicht, versuchen Sie sachlich zu bleiben und lassen Sie sich nicht entmutigen.

Viele Menschen fragen sich, ob man die Fehlerquote im Betrieb nicht erhöht, wenn man als Führungskraft nachsichtig und tolerant mit Fehlern umgeht. Einige befürchten, dass sich keiner mehr richtig anstrengt, wenn Missgeschicke keine negativen Konsequenzen haben. Vielleicht ist Ihnen dieser Gedanke auch durch den Kopf gegangen, während Sie dieses Kapitel gelesen haben.

Ich habe die Erfahrung gemacht, dass die meisten Menschen sehr selbstkritisch sind. Der eigene innere Kritiker schimpft schon laut genug, da brauchen die wenigsten auch noch einen äußeren strengen Kritiker. Aber vielleicht beobachten Sie sich einmal selbst: Wie reagieren Sie, wenn Sie von Kollegen oder von Ihrem Chef wegen eines Fehlers scharf kritisiert werden? Und wie reagieren Sie, wenn jemand Verständnis für Ihren Fehler zeigt, werden Sie dann nachlässig?

Übrigens, um zum Ausgangspunkt zurückzukommen, erst 1880 stellte sich heraus, dass sich William Sewards Fehlentscheidung in einen grandiosen Erfolg verwandelt hatte. In Alaska wurde nicht nur Gold entdeckt, sondern später auch Kupfer und andere Bodenschätze. Manchmal braucht es eben etwas Zeit, bis aus einem Fehler ein Erfolg wird.

Warum Sie vergeblich auf Unterstützung warten, wenn Sie selbst nichts erwarten

Wussten Sie, dass in vielen Firmen sogar innerhalb einer Abteilung Mitarbeiter für die gleiche Tätigkeit unterschiedlich hohe Gehälter beziehen? Das ist empörend und ungerecht. Und obwohl diese Gehaltsunterschiede bekannt sind, trauen viele sich nicht, etwas dagegen zu unternehmen. Stattdessen ärgern sie sich im stillen Kämmerlein und warten, dass ihr Chef auf die Idee kommt, die längst fällige Gehaltserhöhung von sich aus anzubieten. Die meisten warten vergeblich.

Spatz in der Hand oder Taube auf dem Dach?

Sich ärgern und warten und erwarten, dass jemand auf einen zukommt.

So geht es auch Rita Baumann. Die 44-jährige Sozialpädagogin arbeitet seit einem halben Jahr bei einer öffentlich geförderten Bildungseinrichtung. Ihre Aufgabe ist es, Ein-Euro-Jobs an Hartz IV-Empfänger zu vermitteln. Eigentlich ist sie dort als Personalentwicklerin eingestellt und soll den Arbeitsuchenden beim Herausarbeiten von Kompetenzen und Zielen behilflich sein. In Wirklichkeit verwaltet sie nur noch die Akten. Bei so vielen Teilnehmern und so wenig Beratern ist die Arbeit einfach nicht mehr zu schaffen. Mit einigen hat sie noch nicht einmal persönlich gesprochen.

Sprechen Sie offen an, was Sie stört.

Es ist Freitagnachmittag. In der heutigen Teamsitzung will Rita sich endlich beschweren, doch ihre Chefin Birgit kommt ihr zuvor: «Ich muss euch leider mitteilen, dass ein Teil unserer öffentlichen Zuschüsse gestrichen wurde. Trotzdem müssen wir es schaffen, die gleiche Anzahl von Teilnehmern zu betreuen und in kürzerer Zeit durchzuschleusen. Ich möchte jetzt mit euch besprechen, wie das funktionieren könnte.» Ihr Kollege Bernd fuchtelt bereits wild mit den Armen herum. «Wie soll das gehen, frage ich mich?», beschwert er sich lautstark. «Was soll ich meinen Teilnehmern denn erklären? Schließlich haben sie ein Recht auf meine Unterstützung.» Verständnisvoll lächelt Birgit, die Teamleiterin, ihn an. «Ich kann deinen Ärger verstehen», setzt sie an, «mir fällt das auch nicht leicht. Aber wie würdest du an meiner Stelle handeln?» Mit zusammengebissenen Zähnen verfolgt Rita den Dialog. Sie weiß jetzt schon, wie das Ganze ausgehen wird. Birgit wird alle auffordern, positiv und konstruktiv mit der neuen Situation umzugehen. Was auf gut Deutsch heißt: «Passt euch an und seid still.»

Sich durchsetzen oder anpassen? Was ist jetzt richtig?

Rita fragt sich zu Recht, ob sie es sich leisten kann, Forderungen zu stellen. Ihr Job wurde erst kürzlich entfristet, und sie kann froh sein, in wirtschaftlich schweren Zeiten überhaupt einen Arbeitsplatz zu haben.

Psychologische Forschungen belegen jedoch längst, wie ungesund es ist, zu allem Ja und Amen zu sagen und sich heimlich zu ärgern. Genau darum geht es in diesem Kapitel: Warum Sie berechtigte Forderungen nach Unterstützung lieber gleich stellen sollten als ewig zu warten, bis jemand kommt und sie Ihnen erfüllt. Darüber mehr im folgenden Abschnitt.

Alles ist besser als nichts tun

Abwarten und Tee trinken lautet bei vielen die Devise, wenn in wirtschaftlich unsicheren Zeiten Jobs gestrichen, Gehälter gekürzt und Arbeitsbelastungen verdoppelt werden. Dabei hilft dieser Stillhalte-Reflex gar nicht, wenn es darum geht, dem Druck zu entgehen und Entlastung zu finden. Stressforscher haben lange geforscht, um herauszubekommen, welches Verhalten psychischen Stress und Druck am besten abpuffert. Der kanadische Psychologe Albert Bandura hat entdeckt, dass vor allem eines besonders wichtig ist: sich pro-aktiv der Situation zu stellen, zu handeln und möglichst viele Lösungswege auszuprobieren. Er nennt so ein Verhalten «selbstwirksam». Das bedeutet: Es ist immer noch besser, irgendetwas zu tun, als gar nichts zu tun.

Pro-aktiv handeln baut Stress ab.

Stellen Sie sich vor, Sie haben sich im Wald verlaufen. Was ist jetzt besser? Ein Erdloch graben, sich verstecken und warten, bis jemand kommt, der Sie entdeckt? Oder lieber ausprobieren, welcher Weg wieder hinausführt?

Ich bin mir sicher, jeder würde zunächst einmal nach dem richtigen Weg suchen. Mal ehrlich: Sich im Erdloch zu vergraben ist doch die allerletzte Notlösung – sie kommt doch erst dann in Frage, wenn man kurz vorm Erfrieren ist.

Und auch für Rita gilt: Sie sollte die Deckung verlassen und ihrer Chefin klipp und klar sagen, dass sie unter diesen Bedingungen nicht arbeiten kann. Wie schon die Stressforschung festgestellt hat: Das subjektive Gefühl, aktiv und selbstwirksam zu handeln, trägt entscheidend dazu bei, sich in Belastungssituationen gut gewappnet zu fühlen. Das kann man sogar messen. Ein Biofeedback-Gerät zeigt anhand physiologischer Daten, ob jemand aktiv und optimistisch oder passiv und resignierend an eine Stresssituation herangeht. Diejenigen, die handeln, zeigen im Messergebnis geringere Belastungsreaktionen als diejenigen, die nichts tun. Und je öfter jemand Stress positiv bewältigt, desto häufiger registriert unser Gehirn «Ich schaffe das».

Bevor Sie sich, bildlich gesprochen, in Ihrem Erdloch vergraben, sollten Sie also erst einmal versuchen, ob es nicht doch einen Ausweg aus dem Wald gibt. Wie das in Ritas Situation konkret aussehen kann, sehen wir im Folgenden.

Raus aus der Deckung

Es ist gar nicht so einfach, all die Bedenken zu überwinden. Was einem da alles durch den Kopf gehen kann: «Mir kann ja doch keiner helfen» oder «Sei froh, dass du überhaupt einen Job hast». Dahinter steckt immer noch der alte Glaube, wenn wir nur brav sind, werden wir irgendwann belohnt, indem uns jemand hilft. Die anderen müssen doch sehen, dass wir gar nicht mehr können. Das Gegenteil ist der Fall, vor allem im Job-Karussell: Wer «brav» ist, wird übersehen, wer sich äußert, wird registriert.

Sicher, es kostet viel David-Mut, eigene Erwartungen auszusprechen, wenn alle um einen herum kuschen. Wenn Sie sich trotzdem trauen, um Unterstützung zu bitten, schlagen Sie zwei Fliegen mit einer Klappe: erstens, weil sie mit jedem Versuch, sich durchzusetzen, ihr Selbstbewusstsein stärken, und zweitens, weil ihr Umfeld sie mehr beachtet und unterstützt.

Und so gehen Sie Schritt für Schritt vor.

Nehmen Sie ein großes Blatt Papier und schreiben Sie auf, was Sie in der momentanen Situation verändern möchten. Die Fragen in Schritt 1 helfen Ihnen, das herauszufinden.

1. Schritt: Eigene Erwartungen herausfinden

- Was ist mir wichtig?
- Wovon träume ich?
- Was will ich erreichen?
- Welche Erwartung ist realistisch?

Rita hat dazu Folgendes herausgefunden:

- Ich brauche mehr Zeit, um die Teilnehmer wirklich beraten zu können.
- Ich möchte zeigen können, dass ich gute Bildungsberatung mache.
- Ich möchte gefördert und unterstützt werden – durch akzeptable Arbeitsbedingungen und in meiner beruflichen Entwicklung.
- Ich möchte Projektleiterin werden.

Erst wenn Sie wissen, was Sie wollen, sollten Sie Ihre Erwartungen aussprechen. Wenn Sie die Stufen in Schritt 2 berücksichtigen, kann Ihr Gesprächspartner besser verstehen, was Sie wollen.

2. Schritt: Eigene Erwartungen formulieren

- Erwartung aussprechen
- Erwartung begründen
- Beispiel für die Erwartung finden
- Erwartung zum Schluss wiederholen

Jetzt kommt es darauf an, alles loszuwerden. Während Rita ihre Erwartungen aufgeschrieben hat, ist ihr klar geworden, dass sie zweierlei will: Sie braucht Unterstützung, um ihren Arbeitsberg zu reduzieren. Aber es geht um mehr, sie will auch in ihrer Entwicklung gefördert werden. Beides ist wichtig. Rita hat nun ihr Erdloch verlassen.

Rita sagt ihrer Chefin:

- Ich brauche trotz Kürzung der Zuschüsse genügend Zeit, um meine Teilnehmer auch vernünftig beraten zu können.
- Außerdem möchte ich mich beruflich weiterentwickeln. Ich möchte die Stelle als Projektleiterin haben.
- Ich denke, dass ich gerade in den letzten zwei Jahren unter Beweis gestellt habe, dass ich nicht nur eine gute Bildungsberaterin bin, sondern auch das Zeug habe, Ideen nach vorne zu bringen und Leute zum Mitmachen zu motivieren. Ich kann die Belange der Einrichtung sehr gut vertreten und unterschiedliche Interessen unter einen Hut bringen.
- Mir ist klar geworden, dass ich unbedingt die Stelle als Projektleiterin haben möchte. Ich würde mich freuen, wenn du mich bei einem für mich wichtigen beruflichen Entwicklungsschritt unterstützen könntest.

Schon während des Gesprächs merkt Rita, dass sie überzeugender wirkt als sonst. Die Mimik der Chefin verrät ihr, dass sie plötzlich ernst genommen wird. Vor allem weil sie sich entspannt und selbstbewusst fühlt, wertet Rita das Gespräch als Erfolg.

Wunsch und Wirklichkeit

Gut, dass Rita den Vorstoß gewagt hat. Zwar hat sie die Stelle als Projektleiterin bei dieser Bildungseinrichtung vorerst nicht bekommen, doch hat sie großen Eindruck hinterlassen. Nicht immer muss man wie David den Kampf gleich gewinnen. Manchmal reicht es schon, sich hinzustellen, die Steinschleuder auszupacken und zu sagen: «Hier bin ich und ich will kämpfen.»

Natürlich bekommen wir nicht immer das, was wir wollen. Und natürlich werden wir, nur weil wir unsere Gehaltsforderungen formulieren, nicht sofort das gleiche Gehalt bekommen wie die Kollegen. Vielleicht später einmal. Trotzdem ist es manchmal wichtig, Wünsche auszusprechen. Auch wenn man sie nicht gleich bekommt. Weil es ein schönes Gefühl ist, für sich gekämpft zu haben.

Warum Sie keiner ernst nimmt, wenn Sie nie Nein sagen

Leider gibt es immer mehr Menschen, denen es schwerfällt, Nein zu sagen. Das war früher ganz anders. Nur selten wollte jemand freiwillig Überstunden machen. Oder dem Kollegen ein Aufgabengebiet abnehmen, weil der überlastet war. Und nur ganz wenige wollten gar eine Zusatzaufgabe übernehmen, für die sie außer einem guten Ruf keinen Cent bekamen. Heutzutage gibt es viele, die sich für ihren Job sehr engagieren, die Rücksicht darauf nehmen, wenn in der Firma umstrukturiert wird und sie plötzlich doppelt so viel zu tun haben, die Ja sagen, weil sie nicht unkollegial wirken möchten. Sie möchten zeigen, wie engagiert und hilfsbereit sie sind. Aber in Wirklichkeit leiden sie. Sie fühlen sich überlastet und chronisch ausgenutzt, trauen sich jedoch nicht, etwas dagegen zu sagen.

Irgendetwas ist aus den Fugen geraten. Hilfsbereit und engagiert zu sein ist ja schön und gut. Aber muss man sich deswegen gleich selbst ausbeuten? Ich finde nicht – daher geht es in diesem Kapitel darum, wie Sie Nein sagen können, ohne rücksichtslos zu wirken.

Lukas Salzmann leidet. Der 31-jährige IT-Consultant spricht gerade mit seinem Teamleiter Klaus Timmann. Lukas soll für ein halbes Jahr ein Projekt in den USA leiten.

«Es stimmt», beantwortet Lukas das Angebot seines Chefs, «eigentlich will ich in Zukunft mehr Projekte leiten. Aber ein halbes Jahr USA … Ich will doch gar nicht mehr so viel unterwegs sein.»

«Das ist die Chance, auf die du immer gewartet hast», unterbricht ihn Klaus Timmann, «du kannst endlich international arbeiten, du arbeitest mit Kunden, die für uns richtig wichtig sind. Du wärst doch blöd, wenn du so ein Angebot ablehnen würdest.» Bei den letzten Worten hat Klaus sich mit seinem Oberkörper weit nach vorne gebeugt. Nun sitzen sich beide Auge in Auge gegenüber. Lukas senkt den Kopf und schweigt. Während er nervös seine Hände knetet, startet er einen letzten Abwehrversuch: «Versteh doch, ich bin im letzten Jahr viel zu viel unterwegs gewesen. Meine Freundin ist jetzt schon total genervt, weil ich nie da bin. Und dann ein halbes Jahr USA… Das würde sie niemals mitmachen.» Klaus beugt sich noch weiter vor und senkt fast beschwörend die Stimme: «Mensch, Lukas, das ist deine Chance, die kannst du doch jetzt nicht sausen lassen, weil deine Freundin dich vermisst.» Irgendwie kommt Lukas sich jetzt albern vor. Aber er kann es nicht ändern, er will das Angebot doch gar nicht annehmen. Warum nur akzeptiert Klaus sein Nein nicht?

Jasager nehmen Rücksicht

Wahrscheinlich merkt Lukas gar nicht, wie vorsichtig er Nein sagt. Haben Sie gemerkt, wie unsicher er wirkt? Und anstatt die Bedürfnisse seiner Freundin vorzuschieben, sollte er lieber selbst sagen, warum er nicht in die USA möchte. Ich vermute, er möchte mit seiner Vorsicht signalisieren, dass er grundsätzlich bereit ist, auf die Vorschläge seines Chefs einzugehen. Dass das auch anders geht, werden Sie später sehen, wenn ich Ihnen meine Neinsager-Methode vorstelle.

Wer immer nur Ja sagt, wird ausgenutzt.

Menschen wie Klaus nutzen die Vorsicht der Jasager aus. Um ihre Interessen durchzuboxen, bleiben sie hartnäckig. Bis der andere nachgibt – meistens aus Angst, dass ein konsequentes Nein schlimme Folgen haben könnte. Wenn jemand wie Lukas merken würde, wie berechenbar er mit dieser Schwäche wirkt, könnte er sehen, dass er so gar nicht ernst genommen wird. Denn jemand, der immer nur Ja sagt, wirkt auf andere sonderbar. Im Prinzip weiß doch jeder von uns, dass das nicht stimmen kann. In unserem tiefsten Innern fühlen wir doch, wie egoistisch wir neben aller Rücksichtnahme auch sind.

Dieses Gefühl ist Lukas momentan abhanden gekommen. Aber bevor ich Ihnen zeige, wie er es ausdrücken kann, ohne rücksichtslos zu wirken, möchte ich noch erklären, woher die Angst, Nein zu sagen, eigentlich kommt.

Früh übt sich, wer es allen recht machen möchte

Jeder Mensch wächst mit bestimmten sozialen Grundbedürfnissen auf. Die erste Antriebsfeder heißt «sich an andere anpassen», und die zweite heißt «an sich denken». Während das Anpassungsbedürfnis dafür sorgt, dass wir als Babys enge Bindungen zu unseren wichtigsten Bezugspersonen aufbauen, sorgt das egoistische Prinzip dafür, dass wir später wichtige Talente und Bedürfnisse ausleben, auch wenn andere dagegen sind. In allen Gesellschaft gab es bisher Regeln und Normen, die uns zeigten, was wir tun müssen, um den sozialen Anpassungsbedürfnissen gerecht zu werden. Doch gleichzeitig gab es immer Menschen, die sich gegen diese Regeln gewehrt haben und nur deswegen Großes geleistet haben. Christopher Columbus entdeckte einen neuen Erdteil, weil er sich nicht an die Annahme hielt, dass die Erde eine Scheibe ist. Nelson Mandela kämpfte für die Rechte der Schwarzen, indem er gegen die Regeln der Apartheid verstieß. Für das eigene Recht zu kämpfen ist also wichtig. Es gibt aber auch Momente, da muss man sich anpassen. Wenn kleine Kinder die Verkehrsregel brechen, bei Rot stehen zu bleiben, geraten sie in akute Gefahr. Wer einen neuen Job anfängt und sich nicht an die Verhaltensvorschriften im Unternehmen hält, fliegt schnell wieder raus.

Beides ist wichtig: Rücksicht zu nehmen und sich durchzusetzen.

Beides ist wichtig, sich anpassen und sich durchsetzen. Aber jeder muss selbst entscheiden, in welcher Balance er es gestaltet. Wenn die Balance in Schieflage gerät, tauchen meist Probleme auf. Wer sich nur durchsetzt, ist irgendwann allein. Wer sich nur anpasst, ist nicht mehr er selbst.

Menschen, die sich nur anpassen und sich kaum durchsetzen, haben recht früh schlechte Erfahrungen gemacht. Wahrscheinlich gab es zu Hause oder in der Schule geringe Chancen, einen freien Willen zu entwickeln. Oder der Versuch, den eigenen Willen doch irgendwie durchzusetzen, wurde sofort bestraft. So entsteht allmählich folgendes Verhaltensmuster: Tu, was die anderen dir sagen, und du wirst belohnt. Aber hüte dich davor, dich gegen den Willen der anderen zu stellen. Ohne wirklich sagen zu können warum, betreten Menschen wie Lukas eine emotionale Gefahrenzone, wenn sie Nein sagen. Also wird zu allem Ja und Amen gesagt. Bis auch das nicht mehr funktioniert, weil der innere Leidensdruck einfach zu hoch wird. Jetzt ist der Zeitpunkt gekommen, etwas zu ändern. Am besten mit der 5-Punkte-Strategie, die ich Ihnen im nächsten Abschnitt vorstelle. Sie hilft Ihnen Nein zu sagen, ohne die gute Beziehung zum anderen zu belasten.

So sagen Sie rücksichtsvoll Nein

Lukas Salzmann will es endlich versuchen. Er hat sich mit seinem Chef zu einem weiteren Gespräch verabredet, um ihm seine endgültige Entscheidung zum USA-Projekt mitzuteilen.

Die 5-Punkte-Strategie hilft Lukas, trotz der Aufregung ein wirkungsvolles Nein auszusprechen.

Die 5-Punkte-Strategie
– Eindeutiges Nein
– Mitgefühl zeigen
– Interesse zeigen
– Begründung angeben
– Alternative aufzeigen

«Hallo, Klaus», Lukas schüttelt seinem Chef zur Begrüßung die Hand. «Hallo, Lukas, setz dich», Klaus bietet ihm Platz an und strahlt seinen Mitarbeiter erwartungsvoll an. «Danke, dass du dir die Zeit genommen hast. Wir hatten ja vereinbart, dass ich noch einmal über dein Angebot nachdenke.» «Ich wusste, dass du dich richtig entscheiden wirst.» «Ja, ich habe mir alles gründlich überlegt, und ich muss dir leider absagen.» *(Eindeutiges Nein)* Für einen Moment herrscht Stille. Lukas merkt deutlich, dass Klaus mit einem Nein nicht gerechnet hat. «Glaub mir, es ist mir nicht leichtgefallen, aber nach reiflichem Überlegen habe ich entschieden, dass für mich persönlich die Nachteile dieses Jobs überwiegen.» *(Mitgefühl zeigen)* «Aber Lukas», setzt Klaus neu an. Er scheint sich nach der ersten Schocksekunde wieder gefangen zu haben, «jetzt erzähl mir nicht, dass du wegen Maren diese einmalige Gelegenheit sausen lässt. Ich zähle jetzt auf dich. Und ich zähle auf deinen Mut.» Lukas schaut kurz nach unten, um sich zu sammeln. Dann schaut er Klaus direkt in die Augen und sagt: «Glaub mir, es freut mich, dass du mich gefragt hast, aber es liegt nicht an Maren, dass ich Nein sage. Es gibt noch andere Projekte, die mich im Moment mehr interessieren. Das USA-Projekt würde mich jetzt aus vielen wichtigen Ideen herausreißen, die ich mit einigen Kunden entwickelt habe. Es sind so viele spannende Sachen in der Pipeline, das passt gerade wirklich nicht.» *(Begründung angeben)* «Okay», seufzt Klaus, «ich glaube nicht, dass das die richtige Entscheidung ist, aber ich sehe, ich kann dich nicht überzeugen.» Wieder herrscht Schweigen. Jetzt ist es Klaus, der seinen Mitarbeiter lange anschaut. Lukas spürt, wie sich Unruhe breitmacht. Seinem inneren Drang nach Harmonie folgend müsste er jetzt doch noch in letzter Minute Ja sagen. Dieses Mal nicht, denkt er bei sich, dieses Mal bleibe ich hart. «Hast du denn jemand anderen, der rüberfliegen könnte?» *(Interesse zeigen)* «Ja», erwidert Klaus gedehnt, «Martin hat sich noch angeboten. Aber ich fände es natürlich besser, wenn du …» «Martin, das ist doch eine super Idee», unterbricht ihn Lukas, «der will doch

Der Ton macht die Musik.

schon seit einem Jahr ins Ausland. Ich finde, das ist eine gute Alternative.» *(Alternative aufzeigen)*

Sehen Sie? Nur weil Lukas hart geblieben ist, konnte er erkennen, dass sein Nein gar nicht so schlimm ist. Und gleichzeitig hat er sein Nein so formuliert, wie es zu ihm passt – rücksichtsvoll eben. Für Lukas ist es sehr wichtig, klar, aber freundlich abzusagen.

Ich werde in Seminaren oft gefragt, ob es nicht besser ist, knallhart zu bleiben. Schließlich ist es doch ein gutes Recht, Nein zu sagen. Ich finde, das ist zu kurz gedacht. Es geht doch gar nicht darum, groß und stark wie Goliath zu sein, wenn man sich klein und schwach wie David fühlt. David steht dazu. Nur weil er sich selbst so annimmt, wie er ist, kommt er auf die Idee, mit seinen eigenen, gewohnten Waffen zu kämpfen. Ich möchte Sie ermutigen, ebenfalls zu Ihrer Schwäche, nicht Nein sagen zu können, zu stehen. Erst so wird es möglich, den eigenen Stil zu finden. Freundlich, rücksichtsvoll und trotzdem konsequent.

Nein sagen braucht Übung

Am besten fangen Sie dort an, wo es nicht so darauf ankommt.

Wenden Sie das 5-Punkte-Programm im Restaurant an, wenn der Kellner Ihnen einen Tisch vorschlägt, Sie dann aber ablehnen, weil Sie einen anderen haben möchten. Oder Sie sagen Nein, wenn ein Passant auf der Straße nach der Uhrzeit fragt oder, schon etwas schwieriger, wenn der Klassenlehrer Ihrer Tochter Sie fragt, ob Sie fürs Sommerfest einen Kuchen backen können. Erst dann trauen Sie sich an die großen Brocken heran: Da ist der Freund, dem Sie dieses Mal nicht beim Umzug helfen, weil …, der Kollege, für den Sie heute nicht länger bleiben, weil … und der Chef, den Sie am Wochenende nicht auf die Messe begleiten, weil …

Übung macht den Neinsager-Meister. Aber vielleicht wollen Sie ja gar nicht vom Jasager zum Neinsager werden. Viel wichtiger ist es, ausdrücken zu können, was man in dem Moment gerade meint. Und ob das dann Ja oder Nein ist, ist ja egal.

Vielleicht reicht es ja schon, ein konsequenter Ja-/Neinsager zu werden.

Warum es besser ist, sich Zeit zu lassen, wenn alles ganz schnell gehen soll

Neulich stand ich mit dem Fahrrad im Stau. Die ganze Kreuzung war vollgestopft mit hupenden Autos. Vorsichtig schlängelte ich mich auf meinem Fahrrad durch den Blechberg. In den Autos saßen wütende Menschen, die unruhig zappelnd darauf warteten, dass es weitergeht. Dabei konnte man unschwer erkennen, dass hier, auf dieser Kreuzung, erst mal gar nichts mehr weitergehen würde.

Alles könnte so einfach sein, wenn die Menschen ruhig bleiben könnten. Anstatt den eigenen Puls so hochzujagen, könnten Sie die Zeit nutzen, um ein nettes Telefonat mit einer Freundin zu führen, sich die Nägel zu feilen, die Zeitung zu lesen, mit dem Stau-Nachbarn das schöne Wetter zu bewundern.

Die Realität sieht leider anders aus. Wir regen uns sinnlos auf und geraten dadurch nur noch mehr unter Druck. Und das machen wir nicht nur im Stau, sondern auch im Job.

Im Wettlauf gegen die Zeit

Jutta Schulz, 49 Jahre alt, ist Anzeigensachbearbeiterin in einem Verlag. Ihr Team besteht aus vier Kolleginnen, alle sitzen im Großraumbüro. Seit einigen Monaten ist ihr Job richtig stressig geworden. Die eingehenden Aufträge haben sich nahezu verdoppelt. Jetzt gerade zum Beispiel bearbeitet Jutta den Auftrag eines Neukunden. Die Erstregistrierung beansprucht besonders viel Zeit. Da klingelt das Telefon. Einmal, zweimal, dreimal. «Wieso geht Birgit nicht ran? Es war doch abgesprochen, dass sie zwischen elf und zwölf rangeht, damit die anderen wenigstens einmal konzentriert durcharbeiten können», denkt sie und nimmt ab. Birgit

Ständige Unterbrechungen führen zu schlechten Arbeitsleistungen.

ist draußen, kurz eine rauchen. Drei Minuten bearbeitet Jutta weiter die Daten des Neukunden. «Wo war ich stehengeblieben?», denkt sie. 15 Minuten später stürmt die Teamleiterin ins Büro. Sie erklärt allen vier Mitarbeiterinnen, dass die Neukunden rückwirkend ab Montag anders registriert werden müssen. Jutta schaut auf die Uhr. Es ist jetzt 11.00 Uhr vormittags und sie hat immer noch nicht viel geschafft. Die Mittagspause muss wohl ausfallen. Kurze Zeit darauf hat sie den Kunden neu aufgenommen, die anderen Vorgänge muss sie später ändern, notfalls bleibt sie länger.

Vier Bearbeitungsvorgänge und zwölf Unterbrechungen später hat Jutta Schulz rasende Kopfschmerzen. Jetzt ist sie mit dem Telefon dran. Und gleichzeitig klingelt ihr Handy. Sie geht ran. Es ist ihr Mann, der wissen möchte, was er fürs Abendessen einkaufen soll. Genervt diktiert sie ihm eine Einkaufsliste. Schnell auflegen und weitermachen. Ihr Puls rast. «Wo war ich stehengeblieben?»

Alles auf einmal

Multitasking heißt das Zauberwort unserer Zeit. Alles auf einmal erledigen, wenn's geht, perfekt. Wie kleine Rennmäuse hechten wir jeder Kontaktaufforderung hinterher. Das Telefon klingelt? Klar, immer rangehen. Der Kollege unterbricht? Kein Problem, wir gehen freundlich auf ihn ein. Dabei bestätigen Wissenschaftler, dass unser Informationsverarbeitungssystem im Gehirn gar nicht in der Lage ist, mehrere Dinge gleichzeitig zu erledigen. Jedenfalls nicht, wenn das Ergebnis gut sein soll. Und schon gar nicht, wenn die Aufgaben anspruchsvoll sind.

Eine interessante Untersuchung aus dem Jahr 2004 bestätigt: Wer sich andauernd von einer Aufgabe ablenken lässt, ist weniger leistungsfähig als jemand, der nur ein Ding aufs Mal, dafür aber hochkonzentriert, erledigt. Die Forschungsgruppe verglich eine Gruppe Versuchspersonen, die permanent bei der Erledigung einer Rechenaufgabe unterbrochen wurden, mit einer Gruppe, die unter starkem Rauscheinfluss von Marihuana stand und ebenfalls rechnen musste. Und jetzt raten Sie mal, welche Untersuchungsgruppe leistungsfähiger war, die Multitasker oder die Kiffer? Richtig: Letztere.

Und es gibt noch einen weiteren Einflussfaktor, der unsere Leistungsfähigkeit radikal senkt – und das ist Dauerstress.

Langsamer Igel schlägt schnellen Hasen

Unter Stress wird jeder schneller. Gleichzeitig steigt der innere Druck, alles richtig und gut zu machen. Diese Reaktion ist völlig normal. Denn wenn wir gestresst sind, signalisiert unser Nervensystem, dass Gefahr droht. Sofort pumpt unser Körper zwei Stresshormone durch die Blutbahnen: das Adrenalin und das Noradrenalin. Die Hormone bereiten blitzschnell eine wichtige Körperreaktion vor: Flucht oder Angriff. All das geschieht ohne großartiges Nachdenken. Ein sorgfältiges Analysieren würde viel zu lange dauern. Das hat die Natur schlau eingerichtet, die schnellstmögliche Reaktion wird nicht durch den Verstand, sondern durch Hormone geregelt. Im ersten Moment der Stressreaktion arbeiten auch die Gedächtnisleistungen «Entscheiden» und «Konzentrieren» besser als sonst. Wenn Sie jetzt glauben, unter Stress mehr Leistung zeigen zu können, haben Sie sich jedoch getäuscht. Denn wenn wir Dauerstress haben, verkehren sich einige Dinge wieder ins Gegenteil. Bruce McEwen, ein amerikanischer Stressforscher, hat den Zustand des Daueralarmzustandes genauer untersucht.

Er nennt ihn «allostatic overload» und hat nachgewiesen, dass Dauerstress mit einer erhöhten Anfälligkeit für Schlaganfälle, Herzinfarkte und Infektionen einhergeht. Aber vor allem hat er entdeckt, dass Dauerstress unsere Gedächtnis- und Konzentrationsleistungen vermindert.

Dauerstress macht schwach.

Eine paradoxe Situation: Wir stehen unter Stress, weil wir so viel zu tun haben, und beeilen uns, damit wir in weniger Zeit noch mehr schaffen. Das erzeugt noch mehr Stress. Und wenn der nicht aufhört, sind wir leider weniger leistungsfähig und bewältigen in der gleichen Zeit weniger als vorher.

Was tun? Ganz einfach, wenn schneller nicht hilft, müssen wir eben genau das Gegenteil von dem tun, was uns die Stresshormone vorschreiben: Wir müssen konsequent langsamer werden. Nur so kann es gelingen, den Hormonpegel wieder herunterzufahren.

Diese Idee ist nicht neu, wie die alte Fabel vom Wettlauf zwischen Hase und Igel zeigt.

Hase und Igel wollten um die Wette laufen. Der Hase war sich natürlich sicher, dass er gewinnen würde, schließlich konnte er viel schneller laufen als der Igel mit seinen kurzen Stummelbeinen. Und ohne lange zu fackeln, lief er los, als ginge es um sein Leben. Unter Hochdruck eben. Doch der Igel ließ sich stattdessen alle Zeit der Welt und weihte insgeheim seine Frau ein. Während der Hase blind vor Stress und Ehrgeiz unter Hochdruck seine Runden drehte, stand irgendein Igel immer schon vor ihm an der Ziellinie und rief: «Ich bin schon da.» Das brachte den Hasen schier um den Verstand, im wahrsten Sinne des Wortes, denn vor lauter Stress hatte er ja gar keine Zeit mehr, in Ruhe nachzudenken.

Am Ende gab der Hase auf, weil er mit den Nerven am Ende war.

Wie in dieser Fabel ist der schnelle Hase nur scheinbar schneller. Der Igel hingegen ist zwar langsamer, aber schlauer. Er nimmt sich gemeinsam mit seiner Frau die Zeit, nachzudenken. Und nur dadurch gewinnt er das Rennen, nicht weil er wirklich schneller ist.

Dem Stress gelassen entgegensehen.

Gehen Sie in Stresssituationen nach dem «Igelschlägt-Hase-Prinzip» vor. Nehmen Sie sich die Zeit zu überlegen, bevor Sie losrennen. Nur wenn Sie Ruhe bewahren, vermeiden Sie eine Stressreaktion. Und was dann passiert, wissen Sie ja jetzt: Sie spurten blindlings, mit Tunnelblick, wie der Hase ums Feld und verlieren am Ende das Rennen.

Daher möchte ich Ihnen im nächsten Abschnitt eine Übung zeigen, mit der Sie Stress reduzieren können. Sie hilft Ihnen, langsamer, konzentrierter und erfolgreicher zu arbeiten.

So tanken Sie neu auf

Wenn Sie während der Arbeit gestresst und aufgeregt sind – wenn Sie nahezu spüren können, wie Ihr Stresspegel minütlich steigt, sollten Sie mit einer ganz einfachen Entspannungsübung wieder auf einen gesunden Energielevel zurückkehren. Dazu muss Ihr Körper, um wieder herunterzuschalten, vom sympathischen Energiemodus, der den Stresszustand regelt, in den parasympathischen Energiemodus, der den Entspannungszustand regelt, wechseln. Das ist ganz leicht, Sie müssen nur atmen, um umzuschalten.

Die Übung zum Herunterschalten können Sie jederzeit während der Arbeit durchführen. Wenn Sie allein in Ihrem Büro arbeiten, schließen Sie kurz die Tür, schalten Sie alle Telefone aus und sagen Sie Ihren Kollegen, dass Sie zehn Minuten nicht gestört werden möchten. Sollten Sie sich das Büro mit anderen teilen, suchen Sie sich irgendwo im Gebäude einen Raum, in dem Sie ein paar Minuten ungestört sind. Zur Not können Sie auch kurz nach draußen gehen. Eigentlich gibt es überall die Möglichkeit, sich kurz zurückzuziehen, wenn Sie das möchten.

Pausen machen Sie wieder fit.

Die Übung zum Herunterschalten können Sie im Sitzen ausführen.

1. Setzen Sie sich auf einen Stuhl. Ihre Füße berühren den Boden, die Schultern sollten entspannt sein, der Kopf gerade, der Rücken ebenfalls. Schließen Sie die Augen. (Wer das ganz unangenehm findet, kann sie auch geöffnet lassen. Sie sollten sich allerdings auf keinen Fall ablenken lassen.)
2. Sitzen Sie einfach eine Weile so da und entspannen Sie Ihren Körper.
3. Nehmen Sie nun insgesamt 6 tiefe Atemzüge. Atmen Sie beim Einatmen durch die Nase, ausatmen können Sie durch Mund

oder die Nase. Wer möchte, kann beim Ausatmen seufzen. Das tut gut.

4. Lassen Sie nun Ihren Atem eine Weile frei fließen und konzentrieren Sie Ihre Aufmerksamkeit auf Ihre Nase. Nehmen Sie wahr, wie sich Ihre Nasenflügel beim Ein- und Ausatmen heben und senken. Wahrscheinlich werden Ihre Gedanken zwischendurch abschweifen. Das macht aber gar nichts. Versuchen Sie jedoch, die Aufmerksamkeit immer wieder auf die Nase zu lenken.

5. Richten Sie nun Ihre Aufmerksamkeit auf Ihre Bauchregion. Beobachten Sie, wie sich Ihr Bauch beim Ein- und Ausatmen hebt und senkt. Auch jetzt werden Ihre Gedanken wahrscheinlich abschweifen. Das ist völlig in Ordnung. Versuchen Sie auch jetzt, Ihre Aufmerksamkeit immer wieder auf Ihren Bauch zu richten.

6. Konzentrieren Sie sich nun wieder auf Ihren Atem, der völlig selbstverständlich ein- und ausgeht. Begleiten Sie diesen natürlichen Prozess mit zwei Worten. Denken Sie beim Einatmen zum Beispiel «Ein» und beim Ausatmen «Aus». Sie können genauso gut beim Einatmen «Frie-» und beim Ausatmen die zweite Silbe «-den» denken. Oder Sie nehmen das Wort Los-lassen. Vielleicht gibt es noch ein anderes Wort, das Ihren ruhigen Atemfluss unterstützt.

7. Kehren Sie nun, zum Abschluss der Übung, mit Ihrer Aufmerksamkeit langsam in den Raum zurück. Dehnen und strecken Sie sich noch einmal, reiben Sie sich vielleicht die Augen und das Gesicht, wenn das angenehm ist, und öffnen Sie die Augen.

8. Kehren Sie nun an Ihren Arbeitsplatz zurück.

Diese zehn Minuten haben in Ihrem Körper einiges verändert. Ihre Atmung ist wieder ruhig geworden und Sie haben Ihren Körper – und damit auch Ihren Geist – konsequent beruhigt und entstresst. Nun können Sie weiterarbeiten.

Verändern heißt einfach anfangen

Ich weiß, wie schwer es ist, sich dem hohen Druck des Joballtags für einen kurzen Moment zu entziehen, um eine Übung wie diese zu machen. Viel lieber würden wir alle einfach so weiterschuften wie bisher. Bis wir nicht mehr können und etwas ändern müssen.

Genauso ging es auch König Saul, bevor er David in den Kampf gegen Goliath ziehen ließ. Unter normalen Umständen hätte er seine Krieger in den Kampf geschickt. Aber nun, angesichts der großen Bedrohung durch den Riesen Goliath, weiß er, dass seine herkömmlichen Strategien nichts mehr ausrichten können. Und nur deshalb, weil ihm keine andere Wahl bleibt, entscheidet er sich für den kleinen David.

Seien Sie schlauer als König Saul, schonen Sie Ihre Kräfte, bevor es zu spät ist.

Warum Sie verlassen werden, wenn alles perfekt sein soll

Corinna schließt die Wohnungstür auf und schleppt mit letzter Kraft die drei Einkaufstüten in den Flur hinein. «Max», ruft sie laut, «kannst du mir mal helfen?» Keine Antwort. «Max?» Er scheint nicht da zu sein. Und das, obwohl er versprochen hat, schon mal mit dem Kochen anzufangen. Wütend lässt Corinna die Tüten fallen und wählt seine Mobilnummer. Kaum meldet er sich, wettert sie los: «Wieso bist du noch nicht hier? Du hast mir doch fest versprochen, dieses Mal pünktlich zu sein.» «Reg dich nicht auf, ich musste noch in dieses Meeting. Du weißt doch, dass ich im Moment viel zu tun habe.» «Aber du hast es mir fest versprochen…» Corinna klingt jetzt regelrecht verzweifelt.

«Mein Gott, jetzt sei doch nicht so streng! Ich sitze doch schon im Auto und bin auf dem Weg.» «Du hast es mir fest versprochen», schreit Corinna ins Telefon, «und du hast dein Versprechen schon wieder gebrochen. Du nimmst mich einfach nicht ernst. Wie soll das denn weitergehen? Wir sind erst drei Monate zusammen und haben schon so große Schwierigkeiten!» Statt einer Antwort atmet Max schwer aus. «Ich nehme dich ernst, aber...» Doch Corinna hört gar nicht mehr zu. Weinend hat sie bereits aufgelegt. Gedanken quälen sie. Warum nur ist diese Beziehung schon wieder so schwierig? Dabei fing doch alles perfekt an. Max erschien ihr so zuverlässig, wenn nur nicht diese Unpünktlichkeit wäre. «Ich muss ihm klarmachen, dass es so nicht funktionieren kann. Er muss sich ändern.»

Perfekter Topf sucht richtigen Deckel

Wenn zwei Menschen sich ineinander verlieben, entsteht immer der Wunsch, der andere möge perfekt sein. Und auch man selbst strengt sich an. Jeder zeigt sich von seiner Schokoladenseite und schwelgt in der Illusion, endlich den Richtigen gefunden zu haben.

«Den oder die Richtige gibt es gar nicht», behauptet der Schweizer Psychologe und Paartherapeut Jürg Willi.

Im anderen sucht man, was man selbst nicht hat.

«Stattdessen suchen wir im Moment des Kennenlernens unbewusst eine Art Ergänzung zu unserem eigenen, fehlerhaften Selbst», sagt er. Mit anderen Worten: Was ich selbst nicht kann, soll der andere für mich übernehmen. Was auf den ersten Blick wie ein perfektes Ergänzungsprinzip scheint, erweist sich auf den zweiten Blick als unerschöpfliches Konfliktfeld. Denn irgendwann entdeckt jeder, dass der «Richtige» nicht nur faszinierende Stärken hat, sondern leider auch Schwächen. Manchmal entdeckt man sogar, dass die scheinbare Schwäche in Wirklichkeit eine fatale Macke ist.

Das merkt auch Corinna. Frustriert stellt sie fest, dass Max seine Macken hat. Der erste Lack ist ab – und das ist auch gut so. Denn jetzt, in der Phase der Ernüchterung, können sich beide Partner mit den realen Stärken und Schwächen des anderen auseinandersetzen. Möglicherweise passt es ja doch nicht. Je eher man das merkt, desto besser. Viele Paare trennen sich in dieser Phase wieder und ersparen sich weitere enttäuschende Erfahrungen.

Ganz falsch ist es, den Schein des Perfekten auf-rechterhalten zu wollen. Ewiges Verliebtsein klingt verführerisch, eine junge Liebe stattdessen auf reale Füße zu stellen ist sicherlich vielversprechender.

Schwächen zu zeigen bringt die Beziehung weiter.

Bleibt die romantische Liebe da nicht auf der Strecke? Sicherlich lässt das anfängliche Prickeln allmählich nach, wenn Schwächen sichtbar werden. Der Partner, der chronisch zu spät kommt, versetzt einen eben nicht in Leidenschaft, sondern in Ärger. Doch gerade die Unvollkommenheit ist die beste Voraussetzung für eine erfüllte Partnerschaft. Warum das so ist und wie Sie selbst von Anfang an Ihre Schwächen zeigen können, ohne zu schwach zu werden, darum geht es in diesem Kapitel.

Vollkommenheit ist unsympathisch

«Das Ich im Du sehen», hat Martin Buber, der bekannte Philosoph, einmal gesagt und meinte damit, dass der Mensch einen anderen Menschen braucht, um sich selbst zu erkennen. Nicht nur Philosophen, auch Entwicklungspsychologen wie Daniel Stern haben in den Siebzigerjahren beeindruckend nachgewiesen, dass der Mensch sich vor allem in der Auseinandersetzung mit seiner Bezugsperson weiter-entwickelt. Meistens ist das die Mutter. Anhand ihrer Reaktion spiegelt sie dem Kind, ob es richtig oder falsch handelt und ob es geliebt wird. In dieser Beziehung kann das Kind sich selbst mit allen Stärken und Schwächen wiedererkennen. Später in der Partnerschaft über-nimmt die Partnerin oder der Partner dieses Spiegeln. In der ersten Phase des Verliebtseins spiegeln sich beide nur ihre Stärken. Das ist wichtig, um eine feste Bindung aufzubauen. Ist diese Bindung her-gestellt, ändert sich die Beziehungsdynamik. Plötzlich setzen beide die rosaroten Brillen ab und erkennen, wie sie wirklich sind. In dieser

Phase der Beziehung geht es darum, den anderen mit seinen Schwächen zu akzeptieren und selbst mit seinen Schwächen akzeptiert zu werden. Dieser wichtige Vorgang glückt aber nur dann, wenn beide bereit sind, Schwächen zu zeigen. Und so schwer dies auch fällt, ohne Macken wäre der Partner ja wie ein Gott. Und mit Göttern lebt man keinen Alltag, die betet man an. Göttergleiche Partner machen Angst, sind unsympathisch und werden am Ende verlassen. Die Helden des Alltags sind schwach und unvollkommen wie man selbst, mit ihnen kann man auf Augenhöhe leben. Und sich streiten. Und sich lieben. Schwäche zu zeigen wirkt sympathisch.

Leider gelingt es Corinna nicht, die Phase der Idealisierung hinter sich zu lassen und in die nächste Entwicklungsphase zu wechseln. Denn dann müsste sie sich mit den eigenen und den fremden Schwächen auseinandersetzen. Wer die eigenen Schwachpunkte nicht erkennen will, wird den Zustand der ersten Verliebtheit immer aufrechterhalten wollen.

Jede junge Liebe entwickelt sich in unterschiedlichen Phasen zu einer stabilen Beziehung.

Im folgenden Abschnitt zeige ich Ihnen, wie Sie ohne große Enttäuschung von einer Phase in die nächste gelangen.

Wahre Liebe beginnt nach dem Happyend

Stellen Sie sich vor, Sie sitzen im Kino und genießen gerade das Happyend Ihres Lieblingsliebesfilms. Haben Sie sich schon einmal überlegt, was passiert, wenn Romeo und Julia nach Hause gehen? Denn wenn das Happyend abgedreht ist, beginnt auch dort der Alltag. Jede Beziehung durchläuft folgende Phasen:

1. Idealisierungsphase: frisch verliebt sein
2. Realisierungsphase: die Schwächen des anderen erkennen – eigene Schwächen zeigen
3. Normalisierungsphase: Vereinbarungen treffen – Wie geht man mit den Schwächen des anderen im Alltag um?

Die *Idealisierungsphase* brauche ich Ihnen bestimmt nicht zu beschreiben. Jeder kennt dieses herrliche Gefühl, während des Verliebtseins von allen Sinnen berauscht zu werden. Die Botenstoffe im Gehirn leisten in dieser Phase übrigens einen wichtigen Beitrag. So gewährleisten bestimmte Neuronen im Gehirn, dass unser Einfühlungsvermögen für den Liebespartner besonders hoch ist. Denn jetzt wird intensiv gefühlt.

Das Verliebtsein hört irgendwann auf, das ist normal.

Irgendwann hört das auf, und ohne Vorwarnung entdecken Sie ein Detail, vielleicht eine Verhaltensweise, eine Bemerkung, die Ihnen im Hals steckenbleibt. Selbst wenn Sie diesen einen Querschläger ignorieren, der zweite lässt nicht lange auf sich warten. Und plötzlich wird Ihnen bewusst, dass Ihr Gegenüber auch mal nerven kann.

Jetzt hat die *Realisierungsphase* begonnen.

Vielleicht ist das der richtige Zeitpunkt, eine Bestandsaufnahme zu machen. Schreiben Sie die Stärken und Schwächen des anderen einmal auf. Anschließend sind Sie selbst dran. Wenn Sie jetzt vergleichen – können Sie erkennen, in welchen Punkten Sie verschieden sind? Diese Unterschiede, die zu Beginn der Partnerschaft so faszinierend waren, verwandeln sich nun in störende Merkmale.

Ich möchte Ihnen den Rat geben, mit Ihrem Partner über diese schwierigen Punkte zu sprechen. Sollte Ihnen das schwerfallen oder haben Sie miteinander die Erfahrung gemacht, darüber in einen Streit zu geraten, dann empfehle ich Ihnen die Dialog-Methode, die ich Ihnen weiter unten erklären werde.

In der dritten Phase, der *Normalisierungsphase,* kennen sich beide bereits mit ihren Stärken und Schwächen. Erste Gefechte sind ausgetragen. Nun geht es darum, eine gute Grundlage für den gemeinsamen Alltag zu schaffen. In der Normalisierungsphase handeln beide Partner Regeln aus, die ihnen helfen, Schwierigkeiten gemeinsam zu meistern. Auf die Normalisierungsphase gehe ich in diesem Kapitel nicht ein.

Sprechen Sie Schwierigkeiten frühzeitig an.

Wenn Romeo und Julia nach dem Happyend nach Hause gehen und Romeo feststellt, dass Julia schon wieder vergessen hat, sich bei seinen Eltern für das Geburtstagsgeschenk zu bedanken, dann merken beide unwiderruflich, dass sie miteinander reden müssen. Wenn sie jetzt keinen großen Streit vom Zaun brechen möchten, sollten Sie versuchen, sich mit Hilfe der Dialog-Methode zu verständigen. Das geht folgendermaßen:

Die Dialog-Methode

1. Einer von beiden beginnt und erzählt eine Weile (bis zu 15 Minuten) von sich. Am besten darüber, warum er sich in der strittigen Situation genau auf diese Art und Weise verhalten hat. Der andere hört zu und unterbricht nicht.

2. Der Zuhörer fasst das Gehörte mit eigenen Worten zusammen.

3. Der Erzähler sagt, ob er sich vom Zuhörer richtig verstanden fühlt.

4. Jetzt wird gewechselt. Der Zuhörer wird zum Erzähler, der Erzähler zum Zuhörer.

5. Verfahren Sie wie in der ersten Runde: Der Zuhörer fasst das Gehörte in eigenen Worten zusammen, der Erzähler sagt, ob er sich richtig verstanden fühlt.

6. Dann wird wieder gewechselt.

Sie sehen, wie einfach das Dialog-Prinzip ist. Und doch entsteht durch die verlangsamte Art des Sprechens und Zuhörens eine ganz besondere Atmosphäre. Paare, die mit der Dialog-Methode ihre Konfliktpunkte besprechen, erzählen mir immer wieder, dass sie durch diese Methode gelernt haben, viel respektvoller miteinander umzugehen.

Zuhören ist wichtiger als Recht haben.

Diesen Respekt brauchen Sie, wenn Sie als junges Paar in die Phase des Realisierens gehen. Denn jenseits aller Probleme, die in Zukunft auf Sie zukommen werden, sind Respekt und Vertrauen die wichtigste Grundlage für eine Beziehung.

Und so hört es sich an, wenn zwei Menschen einen Dialog führen.

Einer hat immer unrecht – aber mit zweien beginnt die Wahrheit

Es ist Abend geworden. Corinna und Max haben sich nach dem Abendessen Zeit genommen, um miteinander zu reden.

«Als du vorhin angerufen und mich angeschrien hast, war ich total sauer auf dich», beginnt Max. «Schließlich hatte ich die Abmachung ja nicht vergessen, ich war nur ein bisschen spät. Ich fühlte mich von dir komplett unverstanden, hatte gleichzeitig ein schlechtes Gewissen, weil ich ja wirklich zu spät dran war. Ich hatte in letzter Zeit schon oft das Gefühl, dass du mich besonders kritisch beäugst. Warum, verstehe ich nicht. Ich bemühe mich wirklich, es dir recht zu machen, aber es gibt halt immer wieder Situationen im Job, da kann ich nicht anders, da muss ich länger bleiben.»

«Du meinst also», fasst Corinna zusammen, «dass du ein schlechtes Gewissen hast, weil du schon spät dran warst?»

«Falsch», korrigiert Max, «einerseits habe ich ein schlechtes Gewissen, weil ich dir gerne eine Freude gemacht hätte, andererseits fühle ich mich von dir ungerecht behandelt. Denn schließlich gebe ich mir wirklich Mühe. Ich finde es doof, dass du das gar nicht siehst. Ich habe den Eindruck, du wartest regelrecht darauf, dass ich etwas falsch mache, um zu meckern.»

Jetzt muss sich Corinna richtig zusammenreißen, um nicht sofort zu widersprechen. Doch sie schafft es, im Dialog zu bleiben. «Du meinst also, dass du einerseits ein schlechtes Gewissen hast, weil du spät dran warst, und dich trotzdem ärgerst, weil ich gar nicht sehe, wie du dich bemühst?»

«Richtig», seufzt Max. Er ist erleichtert, dass Corinna ihn endlich verstanden hat.

Es kommt gar nicht darauf an, dass Corinna Max sofort richtig versteht. Gerade das Missverstehen hat letztendlich das Verstehen gefördert. Max hat eine zweite Gelegenheit bekommen, sich noch genauer auszudrücken, das vertieft seine eigene Sicht der Dinge. Gleichzeitig zeigt Corinna, wie sehr sie sich bemüht, Max zu verstehen. Allein dieser Vorgang ist für beide Partner wertvoll und entlastend.

Somit steht das Verstehen im Mittelpunkt, nicht das Rechthaben.

Vielleicht gelingt es durch die Dialog-Übung nicht immer, sofort die Lösung für ein Problem zu finden. Trotzdem ist ein solches Gespräch wichtig, um sich auch ohne große Gefühle als Menschen begegnen zu können. So können Sie testen, ob Sie auch in Zukunft, wenn die Zeit der ganz großen Gefühle vorbei sein wird, miteinander auskommen. Ich rate Ihnen, auf diese Art und Weise schwierige Themen so früh wie möglich anzusprechen. Denn eines ist sicher: Von allein lösen sich Probleme nicht.

3.   Fokus –

Wie Sie den Ausweg finden

Wie Sie einzigartig werden, indem Sie nicht mehr perfekt sind

«Dein letztes Seminar ist anscheinend gut gelaufen.» Lächelnd lehnt sich Sonja Zienert, die Personalleiterin, zurück. Das Gespräch mit Gesa Steinmann, ihrer Mitarbeiterin aus der Personalentwicklung eines IT-Dienstleisters, geht langsam dem Ende zu und sie möchte noch einen kritischen Punkt ansprechen. «Zumindest die Feedbackbögen sind ganz gut ausgefallen.» «Ja», seufzt Gesa erleichtert, «das war ein hartes Stück Arbeit. Wir hatten ja nur zwei Tage Zeit, und dann den ganzen Stoff einer Grundlagenschulung Kommunikation durchzubekommen ist eine echte Herausforderung.» «Ich bin auch zufrieden damit, wie es gelaufen ist», setzt Sonja von Neuem an, «aber eines wundert mich doch immer wieder. Bei der Frage ‹Inwieweit konnten Sie eigene Fragen einbringen?› haben alle Teilnehmer ‹wenig› angekreuzt.» Jetzt ist das Lächeln aus Sonjas Gesicht komplett verschwunden. «Wie erklärst du dir das?» Für Gesa kommt diese Frage überraschend. Einen Moment lang weiß sie nicht, was sie antworten soll. Doch dann sagt sie: «Du weißt doch, wie wenig Zeit ich habe. Wenn wir anfangen zu diskutieren, komme ich mit meinem Stoff nicht durch. Und dann müssten wir noch einen Tag dranhängen. Du hast doch gesagt, dass unser Budget für maximal zwei Schulungstage reicht.» «Das stimmt», erwidert die Personalleiterin, «aber ich habe mal die Feedbackbögen deiner zehn letzten Seminare durchgesehen. Leider haben die Mitarbeiter auch in früheren Seminaren kritisiert, zu wenig eigene Themen und Fragen einbringen zu können.» Gesa ist platt. Das kann nicht wahr sein. Gerade jetzt, wo sie sich besonders viel Mühe gegeben hat, alles unter einen Hut zu bekommen, wird an ihr herumgenörgelt. «Das sehe ich ganz anders», gibt sie zurück, «noch nie habe ich so viel Vorbereitung in ein Seminar gesteckt. Ich habe sämtliche Folien überarbeitet, den Seminarablaufplan dreimal geändert. Nur um zu gewährleisten, dass alle wichtigen Themen drankommen.» Gesas Stimme ist lauter geworden. Wütend verschränkt sie die Arme vor der Brust und lehnt sich lässig zurück. «Das verstehe ich ja, Gesa», besänftigt die Personalerin, «ich schätze deine Arbeit sehr. Gerade deswegen, weil du so perfekt darin bist, Seminare zu planen und zu strukturieren, habe ich dir diese Aufgabe ja übertragen. Aber manchmal habe ich den Eindruck, dass du zu perfekt bist. Warum lässt du dir nicht ein bisschen mehr Zeit? Dann sind die Teilnehmer zufriedener, weil sie mehr Fragen stellen können. Und du bist entspannter, weil du nicht mehr so viel Stress hast. Probier's beim nächsten Mal einfach mal aus.»

Zu viel des Guten

Wie ungerecht! Ausgerechnet jetzt, wo sie sich besonders viel Mühe gegeben hat, wird sie kritisiert. In ihrem Ärger merkt Gesa gar nicht, dass gerade hier der Fehler liegt. Nur weil sie so perfekt vorbereitet ist, wird sie angreifbar.

Schon Aristoteles wusste, dass eine Stärke, die wir übertreiben, automatisch zur Schwäche wird. Wer zu genau ist, wird pedantisch. Wer zu spontan ist, wird unberechenbar. Auf die Dosierung kommt es an. Und etwas anderes ist noch wichtig. Jede Stärke braucht ein positives Gegenstück als Ausgleich. Die Genauigkeit benötigt die Großzügigkeit, die Toleranz passt zur Regeltreue. Dieses Wissen um die Harmonie der Gegensätze ist in allen Kulturen dieser Erde verankert. Es hilft uns, eigene Stärken nicht zu übertreiben. Denken Sie nur an das chinesische Ying-Yang-Symbol. Es zeigt am deutlichsten, dass nur durch das Zusammenspiel zweier Pole Harmonie entsteht.

Genau davon handelt der folgende Abschnitt. Anhand eines einfachen Modells möchte ich Ihnen zeigen, um wie viel angenehmer es ist, mit zwei Stärken einzigartig zu werden anstatt mit nur einer scheinbar perfekt.

Gemeinsam sind wir stark

Als der Hamburger Kommunikationspsychologe Friedemann Schulz von Thun vor 25 Jahren das Modell des Wertequadrats erfand, wollte er Menschen helfen, ihre Stärken mehr zu betonen und zugleich übertriebene Stärken zu vermeiden.

Die zugrundeliegende Idee ist ganz einfach: Jeweils zwei Stärken gehören zusammen.

Das Wertequadrat hilft Ihnen, ausgewogen zu reagieren.

Die Stärke Gründlichkeit hat als Gegenstück die Großzügigkeit (im Sinne von «Mut zur Lücke»). Wenn man allerdings wie Gesa die Genauigkeit übertreibt, wird sie zur Kleinlichkeit. Und umgekehrt wird jemand, der zu großzügig ist, oberflächlich und ungenau.

Erkennen Sie das Prinzip? Sie können es auf jede andere Situation übertragen.

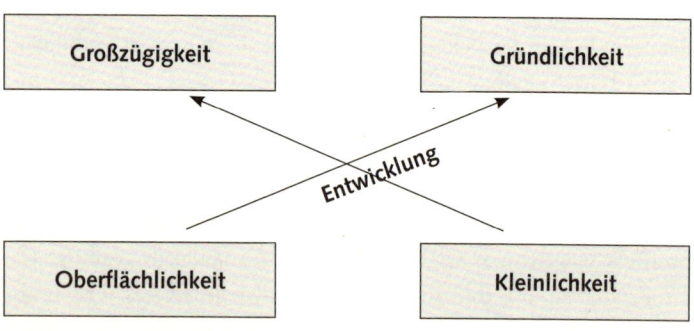

Abb. 2: Das Wertequadrat

Entwerfen Sie das Wertequadrat doch einmal mit einer Ihrer Stärken. Vielleicht stehen in der oberen Reihe dann nicht Großzügigkeit und Gründlichkeit, sondern Vertrauen und Vorsicht. Diese beiden Stärken spielen eine große Rolle, wenn man sich in ein neues Team einarbeiten muss. Da man noch niemanden kennt, wird man vorsichtig sein, was man sagt. Schließlich wissen Sie noch nicht, wie der andere reagieren wird. Andererseits wäre es fatal, wenn Sie zu misstrauisch wären. Denn dann entsteht keine vertrauensvolle Arbeitsbasis. Nur Vorsicht oder nur Vertrauen bringt Sie jetzt nicht weiter. Um sich optimal im Team einzuleben, brauchen Sie beides. Das Wertequadrat zeigt Ihnen, was zu tun ist, um eine bereits begonnene Übertreibung zurückzuschrauben.

Eine Stärke allein bringt sie nicht weiter.

Die Pfeile in der Abbildung zeigen an, welche Entwicklungsrichtung Sie einschlagen müssen. Vielleicht waren Sie zu vertrauensselig und haben gleich am ersten Tag erzählt, was in der letzten Abteilung alles schiefgegangen ist. Dann sollten Sie jetzt vorsichtiger sein, denn vielleicht erzählt der andere alles brühwarm weiter. Oder Sie haben noch gar nichts von sich erzählt. Dann werden Sie mit den Kollegen nicht warm werden, weil Sie niemand so recht einschätzen kann. In einem solchen Fall sollten Sie den anderen einen Vertrauensvorschuss geben.

Auch wenn sich alles in Ihnen sträubt und Sie gar keine Lust haben, Vertrauen zu zeigen, Sie sollten trotzdem versuchen, gegen das Misstrauen anzugehen. Lassen Sie sich jetzt von Ihrem Verstand leiten, von der Erkenntnis, dass das Wertequadrat Ihnen hilft, die richtige Balance zu finden. Sie werden sehen, die Mühe lohnt sich. Denn wer vertrauensvoll *und* vorsichtig sein kann, arbeitet sich schneller in einem neuen Team ein.

Und eine Seminarleiterin, die gut vorbereitet ist und trotzdem auf Fragen der Teilnehmer eingeht, wirkt viel überzeugender als eine, die nur perfekt sein will. Genau deshalb hat Gesa sich entschieden, etwas Neues auszutesten. In einer Art Experiment will sie ausprobieren, wie sie den Gegenpol ihrer Stärke «Perfekte Vorbereitung» mit ins Spiel bringen kann.

Das persönliche Experiment

Montagmorgen, 9.00 Uhr. Gesa Steinmann begrüßt gerade die Seminarteilnehmer. So wie jedes Mal. Wirklich? Nein, heute ist alles anders, denn heute beginnt Gesas Experiment. Heute wird sie nicht perfekt vorbereitet, sondern als Trainerin offen für neue Themen sein. Ganz gegen ihre Gewohnheit hat sie im Seminarprogramm Lücken gelassen. Bevor das Experiment beginnt, notiert sie genau, welche Gedanken und Gefühle ihr durch den Kopf gehen.

Das sollten Sie auch tun. Wenn Sie dann anschließend das Geschehen in der konkreten Situation beschreiben und abschließend Ihre Gedanken und Gefühle nach der Situation notieren, werden Sie erkennen, wie das Wertequadrat Ihr Verhalten positiv beeinflusst.

Hier sehen Sie die Tabelle, mit der Gesa Steinmann ihr Verhalten protokolliert.

	Gedanken und Gefühle vor der Situation	In der Situation	Gedanken und Gefühle nach der Situation
Die Trainerin mit Mut zur Lücke	Angst, keine Antwort zu wissen; Angst, blöd dazustehen; Angst, sich zu blamieren.	Anregende Diskussion unter den Teilnehmern. Kritische und lobende Stimmen.	Aufgeregt, weil es auch hätte schiefgehen können. Stolz, weil die Teilnehmer offenbar sehr engagiert mitdiskutiert und ihr gutes Feedback gegeben haben.
Die perfekte Trainerin	_____ _____ _____ _____	_____ _____ _____ _____	_____ _____ _____ _____

Tabelle 3: Das persönliche Experiment

Wie Sie sehen, befürchtet Gesa vor ihrem Experiment, keine Antworten zu wissen und sich zu blamieren. Schauen wir doch mal, was dann während des Seminars wirklich passiert.

«So, Sie haben nun die wichtigsten Prinzipien erfolgreichen Verkaufens kennengelernt», beginnt Gesa. Ein Blick zur Uhr zeigt, dass sie noch eine ganze halbe Stunde Zeit bis zur Mittagspause hat – ungeplante Zeit, die nun spontan gefüllt werden soll. «Wenn Sie sich das alles nochmals durch den Kopf gehen lassen, welches Prinzip gefällt Ihnen besonders?», fragt Gesa in die Seminarrunde. Herr Müller, der sich bislang gar nicht geäußert hat, meldet sich: «Also, wenn ich ehrlich bin, halte ich von Ihren Verkaufsprinzipien überhaupt gar nichts.» Kurze Pause. Gesas Magen zieht sich krampfartig zusammen. Genau so etwas hatte sie befürchtet. Genau deswegen gibt sie das Zepter nicht aus der Hand. Sie bemüht sich, die Fassung zu bewahren, und fragt scheinbar interessiert nach: «Wie meinen Sie das, Herr Müller?» «Na, so wie ich es gesagt habe. Das ist doch alles nur graue Theorie, in der Praxis haben wir es doch mit ganz anderen Problemen zu tun.» Irgendwo in Gesas tiefstem Innern meldet sich eine Stimme, die sagt: «Siehst du? Ich hab's dir gleich gesagt. Das geht schief. Jetzt nehmen sie dich komplett auseinander, und danach kannst du deinen Job an den Nagel hängen.» Doch dann passiert etwas – Gesa entdeckt ihren Kampfgeist. Und ihre Streitlust. Da bleib ich jetzt dran, sagt sie sich und mit fast freudiger Erregung fragt sie in die Runde: «Wie sehen die anderen das denn? Sie sind doch alle Verkaufsprofis. Wie sind Ihre Erfahrungen?» Frau Steiner, die Dienstälteste meldet sich zu Wort: «Ich finde, Herr Müller übertreibt. Sicher treffen Ihre Beispielsituationen nicht immer unsere Praxis. Aber als wir vorhin das Zuhören besprochen haben, ist mir schon klar geworden, dass ich zu oft einfach nur meine Sprüche abspule. Ich habe mir jetzt vorgenommen, dem Kunden mehr Raum zu geben, damit er sagt, was er eigentlich

Das persönliche Experiment hilft Ihnen, Stärken und Schwächen besser einzuschätzen.

will.» «Genau», ruft jetzt Herr Schulze, «seien wir doch mal ehrlich. Wir sind zwar alles alte Hasen, aber wie schnell landet man in einer Routine, wenn man sich nicht hinterfragt? Auch wenn ich das alles schon mal gehört habe, was Frau Steinmann uns erzählt, ich muss mich immer und immer wieder daran erinnern ...» «Ach, das ist doch alles Zeitverschwendung», unterbricht jetzt wieder Herr Müller und wird sofort von Frau Steiner abgewürgt: «Jetzt lass den Kollegen doch wenigstens mal ausreden. Wie willst du denn dem Kunden richtig zuhören, wenn du noch nicht mal uns ausreden lässt?» Einige schmunzeln.

Wir lassen Gesa und ihr Seminar jetzt mal allein. Es wurde noch hitzig weiterdiskutiert, und Sie ahnen natürlich längst, dass die Teilnehmer vor allem diese Diskussion besonders interessant fanden.

Was Gesa am Ende in ihre Experimenttabelle eingetragen hat, sehen Sie oben. Jetzt, wo sie gemerkt hat, dass sie als nicht perfekte Trainerin bei den Teilnehmern gut ankommt, ist sie erleichtert. Am nächsten Tag wird sie wieder die Alte sein, die Perfekte. Sie ist sehr gespannt, was sie am Ende des morgigen Tages in ihre Beobachtungstabelle eintragen wird.

Und noch etwas hat sie entdeckt: ihren Mut. Mittendrin, als die Angst, die Kontrolle zu verlieren, am allergrößten war, hat Gesa ihre Angst vergessen, weil die Lust zu kämpfen plötzlich größer war. Ein wichtiger Moment, der mich an David erinnert, als er sich dem Riesen Goliath nähert. Auch er hat sich entschieden, ohne Soldatenausrüstung zu kämpfen. Mit Hirtenumhang und Steinschleuder bewaffnet geht er auf Goliath zu. David weiß, dass die Rüstung ihm in diesem Kampf nicht viel nützen wird. Er verlässt sich allein auf seinen Glauben und auf seinen Mut. Nur deswegen fällt es ihm leicht, etwas zu riskieren. Und nur, weil er etwas riskiert, wird er einzigartig.

Wie Sie Hilfe bekommen, wenn Sie anfangen abzugeben

«Ich muss dich mal kurz stören», ruft Brigitte Herzog ihrer Kollegin Anke Kleinmann zu. Die beiden Assistentinnen der IT-Abteilung einer Regierungsbehörde sitzen einander an ihren Schreibtischen gegenüber. «Das Hotel Schöne Aussicht hat vorhin angerufen. Die sagen, du hast nur bis zum 27.9. gebucht.» «Ja», antwortet Anke leise, «Herr Dr. Scheumann muss ja am selben Tag noch nach Wien weiterfliegen.» «Aber Anke, du müsstest doch mittlerweile wissen, dass Scheumann nie am selben Tag weiterfliegt, wenn er bis nachmittags arbeitet.» Ein strenger Unterton ist nicht zu überhören. «Ich versteh dich nicht. Du bist jetzt seit über einem Jahr hier, da musst du das doch langsam wissen.» Anstatt zu antworten, läuft Anke rot an. Dann kontert sie spitz: «Ich habe die Reise für Herrn Dr. Scheumann so gebucht, wie ich das für richtig halte.» «Aber so ist es nicht richtig, Anke. Tut mir leid, wenn ich das mal so deutlich sagen muss. Muss ich mich jedes Mal einmischen, wenn du mal was alleine machen sollst? Du bist doch kein kleines Kind mehr.» Anstatt einer Antwort breiten sich rote Flecken an Ankes Hals aus. Dann presst sie heraus: «Das muss ich mir nicht bieten lassen. Ich habe das alles mit Herrn Dr. Scheumann durchgesprochen. Und übrigens – er findet auch, dass du viel zu dominant bist und alles an dich reißt.»

Alleskönner müssen alles allein machen.

Nur so ist es richtig

Das saß. Brigitte ist verunsichert. Nicht nur, weil sie allmählich den Rückhalt ihres Chefs verliert. Auch weil sie Unterstützung braucht. Die Arbeit wächst ihr langsam über den Kopf. Für alles ist sie zuständig. Ohne sie läuft nichts richtig. Aber abgeben möchte sie auch nichts. Gerade für Menschen, die viel Verantwortung übernommen haben, ist es oft schwer, andere neben sich zu akzeptieren, die ebenfalls kompetent sind. Jemand wie Brigitte, die jahrelang all ihre Kraft investiert hat, um den Assistenzbereich der IT-Abteilung mit aufzubauen, weiß natürlich alles besser. Wenn es nach ihr ginge, müsste Anke alles genauso machen wie sie selbst. Als geklonte Brigitte sozusagen. Wie ein rohes Ei hält sie ihren Arbeitsbereich fest. Und hält immer fester, bis sie das Ei in der Faust zerdrückt.

Prioritäten setzen hilft Arbeit zu verteilen.

Abgeben kann ganz leicht sein. Wenn es Ihnen jedoch so geht wie Brigitte, wenn Sie also wissen, dass Sie abgeben wollen, aber sich trotzdem nicht von ihren geliebten Aufgaben trennen können, dann versuchen Sie doch mal, das Ganze strategisch anzugehen. Im folgenden Abschnitt möchte ich Ihnen die Eisenhower-Box vorstellen, eine gute Technik, um Aufgabenbereiche zu strukturieren und Prioritäten zu setzen. Sie können sich allein oder gemeinsam mit den Kollegen hinsetzen und zunächst einmal Prioritäten festlegen. Danach ist es viel einfacher, Aufgaben endlich abzugeben und sich unterstützen zu lassen.

Das ABC der Prioritäten

Brigitte und Anke verwalten recht unterschiedliche Aufgaben in der IT-Abteilung. Da sind Reise- und Terminplanung, Organisation von Veranstaltungen, Planung von Schulungen, projektbegleitende Assistenzaufgaben, Planung von Teammeetings, allgemeine Verwaltungstätigkeiten, das Telefon und der Empfang.

Zunächst einmal teilen beide sämtliche Aufgaben nach dem Eisenhower-Schema auf. Wie die folgende Abbildung zeigt, sind die Aufgaben demnach entweder dringend oder wichtig.

- A steht für wichtig und dringend
- B steht für wichtig aber nicht dringend
- C steht für dringend aber nicht wichtig
- D steht für weder dringend noch wichtig

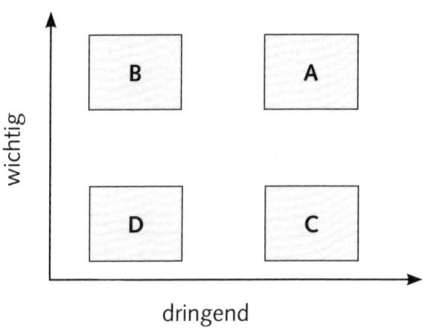

Abb. 3: Die Eisenhower-Box

Das könnte zum Beispiel so aussehen:

- A = Reise- und Terminplanung, Organisation von Veranstaltungen
- B = Planung von Schulungen, Planung von Teammeetings, allgemeine Verwaltungstätigkeiten, Abrechnung, interne Rechnungsstellungen
- C = Telefon und Empfang, projektbegleitende Assistenzaufgaben
- D = Ablage alter Schulungsunterlagen, Fachzeitschriften verwalten

Setzen Sie sich ruhig zu zweit oder mit mehreren Kollegen zusammen und zeichnen Sie, wie in der Abbildung oben, ein Vier-Felder-Viereck auf ein Blatt Papier. Anschließend macht jeder Vorschläge für die A-, B-, C- und D-Prioritäten des gesamten gemeinsamen Aufgabenbereichs. Wundern Sie sich nicht, wenn Sie sich uneinig sind. Am besten bitten Sie dann Ihren Chef oder Ihre Chefin dazu, er oder sie kann in strittigen Punkten entscheiden, wer was übernehmen soll. Einiges kann auf den ersten Blick gar nicht *Sprechen Sie auftretende Konflikte offen an.* eindeutig zugeordnet werden, das macht aber nichts. Probieren Sie es in einer Art Testphase aus und setzen Sie sich einige Wochen später wieder zusammen. Dann können Sie A, B, C und D neu verteilen.

Machen Sie sich keine Sorgen, wenn Unstimmigkeiten oder sogar Konflikte auftreten. Keine Sorge, das ist normal. Scheuen Sie sich nicht, die Probleme offen anzusprechen. Die Gelegenheit ist günstig, jetzt eine Lösung dafür zu finden.

Brigitte und Anke haben ihre Aufgaben folgendermaßen verteilt:

- Reise- und Terminplanung hat Priorität A. Um sich zu unterstützen und im Urlaub auch vertreten zu können, teilen Brigitte und Anke diesen Punkt nach den einzelnen Bereichsleitern auf. So stehen bei beiden unterschiedliche Personennamen beim Punkt «Reise- u. Terminplanung Prio A».
- Die Organisation von Veranstaltungen wird Brigitte noch eine Weile als Prio A übernehmen. Anke fühlt sich da noch unsicher, möchte jedoch langfristig den Bereich gleichberechtigt mit übernehmen. An diesem Punkt gab es zwischen beiden Streit. Anke hat sich beschwert, dass Brigitte nicht bereit ist, andere Vorgehensweisen zuzulassen. In Gegenwart ihres Vorgesetzten beschließen sie, dass Brigitte ihre festgefahrenen Vorstellungen loslassen muss.
- Die Rechnungsstellung hat Prio B und wird von Anke erledigt. Telefon und Empfang werden tageweise geregelt und belegen Prio C. Da beide das Telefon umstellen können, scheint dieser Punkt zwar dringlich zu sein, wenn es oft klingelt, kann aber gut delegiert werden.
- Über Prio D wird nicht weiter geredet. Unwichtig.

Wenn ein Team oder zwei Kolleginnen auf diese Art und Weise Prioritäten gesetzt haben, ist ein ganz wichtiger Schritt getan. Trotzdem passiert es immer wieder – trotz bester Planung –, dass diese Priorisierung nicht umgesetzt werden kann.

Warum das so ist, davon handelt der nächste Abschnitt.

Delegieren heißt loslassen

Das Gespräch zwischen Brigitte und Anke am Anfang des Kapitels hat es schon deutlich gezeigt. Wenn man glaubt, alles viel besser zu können, dann ist es gar nicht so einfach, etwas abzugeben. Man verzichtet ja nicht nur auf die Aufgaben, sondern auch auf Anerkennung Dritter. So scheint es zumindest.

Als König Saul damals gegen die Philister kämpfte, ging es ihm ähnlich. Bisher war seine Kriegsstrategie immer aufgegangen. Aber nun, wegen des Riesen Goliath, war die Lage ganz anders. Nun war Saul ratlos. David in den Kampf gegen Goliath zu schicken war schon sehr gewagt. Eigentlich hätte er niemals so einen schwachen Hirten gegen diesen furchtbaren Riesen antreten lassen dürfen. Schließlich ging es nicht um irgendetwas, es ging um Sieg oder Niederlage des Volkes Israel. Und es ging um seinen Ruf. König Saul entschied sich trotzdem für David. Weil er ihm vertraute. Er wusste, dass David stark genug war, den Kampf zu gewinnen. Als David jedoch noch nicht einmal eine Rüstung anlegen wollte, geriet König Saul erneut ins Zweifeln. David bestand darauf, den Kampf ganz auf seine eigene Art und Weise zu führen – im Hirtenumhang und mit Steinschleuder. Das war ein schwerer Moment für König Saul. Ich vermute, es war vor allem ein schwacher Moment, denn der König musste sämtliche Vorstellungen, wie man zu kämpfen hat, hinter sich lassen und etwas ganz Neues ausprobieren. Einiges stand auf dem Spiel: unzählige Menschenleben, der Sieg, sein Ruf.

Genau so ist es auch, wenn man delegiert. Man muss loslassen und vertrauen, dass es funktioniert. Natürlich gehen Sie dabei ein Risiko ein. Schließlich könnte es schiefgehen. Wenn Sie aber gut vorbereitet sind und die Prioritäten gut verteilt haben, ist dieses Risiko im Vergleich zum Gewinn verschwindend gering.

Abgeben können Sie nur, wenn Sie dem anderen vertrauen.

Frei-Zeit

Ein Freitagnachmittag, drei Wochen später. Erleichtert fährt Brigitte ihren PC herunter. Heute kann sie endlich pünktlich Feierabend machen und den sonnigen Nachmittag genießen. Ein kurzer Blick zu Ankes Schreibtisch verrät ihr, dass die Kollegin noch hoch konzentriert an der Reiseplanung nach Hannover für Herrn Scheumann sitzt. «Na? Alles klar?», ruft Brigitte zögernd. Anke hebt lächelnd den Kopf und antwortet: «Ja, alles klar. Genieß dein Wochenende. Wenn ich Hilfe brauche, kann ich Herrn Scheumann fragen. Der bleibt eh noch länger. Du kannst ruhig abschalten.»

Einen Moment lang schauen sich beide grinsend an. Brigitte verkneift sich ein weiteres Hilfsangebot und schaltet ihren PC endgültig aus. Sie kann jetzt beruhigt gehen, es ist alles geklärt.

Wie Sie gehört werden, wenn Sie Ansprüche stellen

Neulich erzählte mir eine gute Bekannte, sie sei als Dreizehnjährige als einziges Mädchen in eine Jungenklasse umgeschult worden. Was für eine knifflige Situation, weder das Mädchen noch die Jungs wussten, wie sie sich verhalten sollten. Die Jungs lösten das auf ihre Weise. In jeder Fünfminutenpause griffen sie zu ihren Pusteröhrchen und beschossen die Mitschülerin mit ihrer Papierkugel-Munition. Lange Zeit sah das Mädchen keine andere Lösung, als sich unter dem Tisch zu verstecken und abzuwarten, bis der Angriff vorbei war. So konnte es auf Dauer natürlich nicht weitergehen. Aber die Dreizehnjährige hatte keine Idee, wie sie der männlichen Dominanz anders hätte begegnen können als mit totaler Defensive. Insgeheim befürchtete sie, die Jungs könnten noch aggressiver werden, wenn sie sich verteidigen würde.

Doch nach einigen Wochen war es dann endgültig zu viel. Plötzlich kam in ihr der David zum Vorschein, und sie schnappte sich kurzerhand das Pusteröhrchen des Nachbarn, rollte sich aus Papierfetzen Munition, kam aus ihrer Deckung heraus und schoss endlich zurück.

Was glauben Sie, was dann geschah? Nichts mehr. Die Jungs waren so perplex, dass sie die Waffen ruhen ließen. Das Mädchen hatte gezeigt, dass sie mutig genug war, zurückzuschießen. Offenbar konnte sie sich durchsetzen. Und nur deswegen waren die Jungs bereit, Verständnis zu zeigen und sie in die Klassengemeinschaft aufzunehmen. Der Bann war gebrochen, und sie konnten Freunde werden.

Genau so geht es vielen Menschen im Job, wenn sie sich ungerecht behandelt fühlen und keiner zuhört. Sie reagieren dann so wie das Mädchen, sie verkriechen sich und hoffen, dass keiner sie sieht. Doch unter dem Tisch wird die Lage nicht besser. Die anderen hören nicht auf zu schießen, wenn Sie sich nicht wehren. Deswegen geht es in diesem Kapitel darum, wie Sie Ihre Ansprüche anmelden, um endlich gehört zu werden. Auch wenn es Widerstand hagelt oder Sie negative Konsequenzen befürchten müssen.

Genau das befürchtet auch Moritz Daun, der Senior Partner einer Steuerberatungskanzlei. Im Moment schluckt er seinen Ärger noch herunter – aus Angst, sein Geschäftspartner könnte ihn hängen lassen.

Ein eingespieltes Team

Es ist schon kurz nach elf am Vormittag, als Tobias Richter nach einem langen Wochenende gutgelaunt sein Büro betritt. Da wartet sein Partner, Moritz Daun, schon seit einer Stunde auf ihn. Seit fünf Jahren arbeiten die beiden zusammen. Die chronische Unzuverlässigkeit seines Partners ist Moritz seit Langem ein Dorn im Auge. Heute muss es endlich einmal gesagt werden: «So wie es letzte Woche bei Steinmann & Co. gelaufen ist, geht es nicht weiter. Schließlich ist das unser gemeinsamer Mandant. Du hattest versprochen, die Bilanz rechtzeitig vorzubereiten…» «Ich weiß», unterbricht Tobias, «ich wollte ja auch, aber dann bin ich am Donnerstagabend doch nicht fertig geworden und wir mussten ja noch die letzte Fähre kriegen…» Jetzt unterbricht Moritz, seine Stimme ist deutlich lauter geworden, «und ich sitz dann am Freitag da, schau noch mal kurz durch die Zahlen und sehe zufällig, dass du gar nicht fertig geworden bist. Warum sagst du mir nicht Bescheid?» «Ach», wiegelt Tobias mit lässiger Handbewegung ab, «du weißt doch genau, dass bei Steinmann keiner genau hinguckt. Das mach ich jetzt noch schnell fertig.» «Wenn du meinst», lenkt Moritz jetzt ein, «aber beim nächsten Mal sag bitte rechtzeitig Bescheid.» «Klar», Tobias lächelt Moritz an, «kommt nicht wieder vor.»

Natürlich wird es wieder vorkommen. Moritz beschwert sich zwar und versucht, sich mit seiner Meinung durchzusetzen. Am Ende lenkt er jedoch rücksichtsvoll ein. Das lässt Tobias die Möglichkeit offen, doch noch bei seiner Unzuverlässigkeit zu bleiben. Erst wenn Moritz massiver auftritt, wird Tobias ernsthaft darüber nachdenken, sich zu ändern. Spätestens dann ist es aber mit der schönen Harmonie vorbei.

Wenn Sie immer nur nachgeben, ziehen Sie den Kürzeren.

Seien Sie Spielverderber

Bislang waren die beiden Kollegen optimal aufeinander eingespielt. Wenn der eine sich durchsetzt und der andere Rücksicht nimmt, passt alles wunderbar zusammen. Jetzt aber bricht Moritz aus der gewohnten Routine aus und verhält sich anders als gewohnt. Er ärgert sich, dass seine Anpassungsleistung mehr Arbeitszeit verbraucht als die Durchsetzungsleistung von Tobias. Von nun an muss sich das ändern.

Rechnen Sie mit Widerständen, wenn Sie sich stärker durchsetzen möchten.

Wenn es Ihnen genau so wie Moritz geht und Sie sich besser durchsetzen möchten, dann sollten Sie vorab überlegen, wie Sie sich bisher verhalten haben. Wie stark haben Sie Rücksicht auf die Kollegen oder den Chef genommen? Und wie stark haben sich die anderen durchgesetzt?

Die folgende Tabelle zeigt in einem Koordinatenkreuz, wie ein eingespieltes Verhaltensmuster genau abgebildet werden kann.

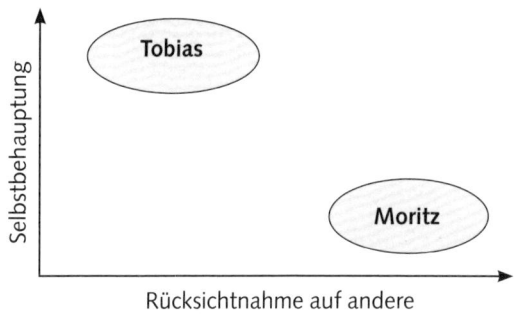

Abb. 4: Verhalten in Konfliktsituationen

Selbstbehauptung und Rücksichtnahme ergänzen sich perfekt. Die Probleme tauchen erst dann auf, wenn einer von beiden seine festgelegte Rolle nicht mehr mitspielen möchte. Denn dann müssen sich beide ändern, um sich gut zu ergänzen.

Stellen Sie sich vor, Ihnen geht es wie Moritz Daun. Lange Zeit haben Sie Rücksicht genommen, vielleicht auf den Kollegen, der wegen der Kinder immer früher gehen muss – und Sie bleiben länger, weil irgendjemand den Auftrag ja fertig machen muss. Oder auf die Schwester, die sich nie um die pflegebedürftige Oma kümmert, weil sie nie Zeit hat. Aber Sie haben Zeit, weil sie denken, irgendeiner muss es ja machen. Und plötzlich denken Sie, nein, jetzt bin ich mal dran. Jetzt muss mal jemand auf mich hören.

Ein sehr guter Vorsatz, nur glauben Sie nicht, dass die anderen darüber glücklich sein werden. Sie werden jetzt richtig Ärger bekommen, denn um den Ausgleich zwischen Ihnen wiederherzustellen, muss der andere ja mehr Verständnis zeigen. Das wird aber nicht passieren, es sei denn, es tritt der unwahrscheinliche Fall ein, dass ein Moritz und ein Tobias zur selben Zeit ihr Verhalten ändern wollen. Dann würde es passen.

Wenn Moritz jetzt mit einem Satz den Platz oben links neben Tobias im Koordinatenkreuz einnehmen möchte, gibt es Krach. Denn

Tobias wird seinen angestammten Platz, auf dem er sich wohl fühlt, mit aller Kraft verteidigen. Und auch Moritz muss sich erst langsam daran gewöhnen, dass er jetzt anders reagiert.

Ich empfehle Ihnen daher, lieber Schritt für Schritt vorzugehen. Wie das geht, davon handelt der nächste Abschnitt.

Fünf Stufen zum Glück

Ich möchte Ihnen nun fünf Stufen vorstellen, mit denen Sie Ihre Ansprüche unterschiedlich stark oder schwach formulieren können. Je nachdem, was gerade besser passt: vorsichtig oder durchsetzungsstark.

1. Super-Soft
2. Soft
3. Gerade heraus
4. Klar
5. Klipp und klar

«Ich kann ja verstehen, dass du noch rechtzeitig die Fähre nach Sylt kriegen wolltest, aber für mich war das eine total blöde Situation. Ich musste die halbe Nacht im Büro sitzen, um die Zahlen einigermaßen hübsch zu machen. Könntest du bitte beim nächsten Mal rechtzeitig Bescheid sagen?»

Das war ihm zu weich, also hat Moritz sich für die zweite Stufe, für «soft» entschieden.

Zwei Wochen später hat sich bei Moritz weiterer Ärger aufgestaut. Eine der Mitarbeiterinnen wollte eine Gehaltserhöhung, und Tobias hatte versprochen, mit ihr alles Weitere zu besprechen. Als eine Woche später immer noch nichts passiert ist, stellt Moritz seinen Partner beim Mittagessen auf Stufe vier «klar» zur Rede.

Nach den ersten Bissen legt Moritz das Besteck zur Seite, lehnt sich zurück und schaut seinem Partner direkt in die Augen. «Ich wollte dich noch mal auf das Gehaltsgespräch mit Monika ansprechen.» Schweigend lässt er einige Sekunden verstreichen und schaut Tobias erwartungsvoll an. «Ach … ja … Mensch …», Tobias greift zur Serviette und wischt sich den Mund ab. «Das hab ich ja total vergessen. Gut, dass du mich daran erinnerst.» «Die Monika hat mich schon darauf angesprochen», fährt Moritz fort. Trotz der deutlichen Worte bleibt er ruhig, «sie wartet seit einer Woche darauf, dass einer von uns sie mal anspricht. Ich kann sehr gut verstehen, dass sie jetzt ungeduldig ist. Warum hast du nicht daran gedacht? Das ist doch wichtig!» «Klar soll sie ihre Antwort bekommen», antwortet Tobias gedehnt. Auch er hat sich jetzt zurückgelehnt und verschränkt lässig die Arme vor der Brust. «Aber deswegen muss ja noch lange kein Stress aufkommen. Auf meinem Schreibtisch liegen vier Bilanzen, die diese Woche fertig werden müssen. Da muss eine Monika eben mal warten.» Mit dem letzten Satz hat Moritz sich wieder nach vorne gebeugt. «Darum geht es nicht, Tobias. Wir alle haben viel zu tun. Und sicherlich ist Monika bereit, noch eine Woche zu warten, wenn man ihr rechtzeitig Bescheid gibt. Ich ärgere mich darüber, dass du nicht Bescheid sagst. Wir können über alles reden, aber ich erwarte von dir, dass du mich rechtzeitig informierst.» Erstaunt schaut Tobias seinen Partner an. So kennt er ihn gar nicht. «Was ist denn mit dir los? Jetzt bleib mal ganz entspannt. Du regst dich doch sonst nicht so auf.» «Nichts für ungut», lächelnd lehnt Moritz sich wieder zurück, «ich will mich gar nicht aufregen, sondern nur deutlich machen, wie wichtig es mir ist, dass du deine Zusagen einhältst.» «Das will ich ja auch», antwortet Tobias und stochert mit seiner Gabel im Essen herum, «aber wenn ich ehrlich bin,

Der Ärger der anderen kann ein positives Zeichen sein.

führe ich diese Gehaltsgespräche nicht gerne. Ich hab das die letzte Woche vor mir hergeschoben. Aber ich sehe ein, dass das so nicht geht. Ich rufe sie gleich nach dem Essen an und vereinbare einen Termin mit ihr.»

Jetzt endlich sieht Moritz, dass Tobias ihm entgegenkommt. Er hat seine harte Durchsetzungsposition verlassen und macht einen ernstzunehmenden Kompromissvorschlag. Moritz hat sein Ziel erreicht – Stufe 5, «klipp und klar», kann er sich sparen.

Zwei Sieger im Kampf

Moritz hat mit vier von fünf Stufen schon viel erreicht. Er weiß jetzt, dass es manchmal länger dauert, bis seine Forderungen gehört werden. Und dass er Mut und Geduld braucht, um es weiter zu versuchen, selbst wenn der erste Versuch nicht klappt.

Aber auch Tobias hat dazugelernt. Am Ende des Gesprächs mit Moritz hat er sich zum ersten Mal getraut, eine Schwäche zuzugeben. Moritz weiß jetzt, warum er sich vor der Gehaltsverhandlung gedrückt hat. Eigentlich brauchen die beiden jetzt gar nicht mehr über die Unzuverlässigkeit von Tobias zu streiten. Stattdessen können sie endlich unmittelbar über das sprechen, worum es wirklich geht. In diesem Fall ist es die Unsicherheit von Tobias, mit einer seiner Mitarbeiterinnen ein Gehaltsgespräch zu führen. Jetzt können beide für das Problem eine gute Lösung finden. Wenn Moritz sich nicht so deutlich Gehör verschafft hätte, wäre alles beim Alten geblieben. Dann hätten am Ende beide verloren.

Stufe 5

Jetzt fragen Sie sich vielleicht, was Moritz gesagt hätte, wenn er die fünfte Stufe auch noch ausgeschöpft hätte. Was meinen Sie? Nutzen Sie die Gelegenheit und formulieren Sie selbst einen Vorschlag. Hier ist Platz für Ihre Idee:

_____

_____

_____

_____

_____

_____

_____

Wie Sie Konflikte lösen, indem Sie aufhören, sich zu beschweren

Immer wenn Menschen aufeinandertreffen und sich unterhalten, passiert es wieder. Vielleicht im Supermarkt oder abends auf einer Grillparty. Man beschwert sich. Über das Wetter, über den Chef oder darüber, dass der Nachbar den Rasen nie mäht. Über den Kollegen, der so faul ist, oder die Bedienung im Café, die letzte Woche so unfreundlich war. Sich beschweren macht Spaß und es macht leicht, weil man endlich Dampf ablassen kann.

Leider bleibt es aber auch dabei. Für viel mehr ist das Beschweren nicht gut. Denn wenn richtige Konflikte auftauchen, kommen wir mit den Beschwerden nicht weiter. Im Gegenteil. Wir machen es noch schlimmer. Daher geht es in diesem Kapitel darum, wie Sie einen Konflikt lösen, ohne sich zu beschweren. Ich möchte Ihnen zunächst zeigen, warum Beschwerden Konflikte verschlimmern, anschließend stelle ich Ihnen eine gute Methode vor, wie Sie Ihre Beschwerden in konstruktive Anliegen umformulieren können. Sie werden sehen, wie Sie auf diese Art und Weise den Ausweg aus festgefahrenen Konflikten finden.

Gegen die Wand

Im Laufschritt steuert Bettina Paust das Büro ihres Kollegen an. Mit einem Ruck reißt sie die Tür auf. «Wo ist Karl-Heinz?», ruft sie der Assistentin grußlos zu. «Keine Ahnung», Iris Schmidt schaut die Kollegin irritiert an. «Vorhin war er noch im Konferenzraum …» «Und jetzt ist er vom Erdboden verschwunden und die gesamte Delegation aus Polen steht vor der Tür.» Ratlos und hektisch blickt Birgit um sich. «So ein Mist», flucht sie und schließt wieder grußlos die Tür.

Beschwerden treiben den Streit auf die Spitze.

Erst nachmittags findet sie eine Gelegenheit, ihren Kollegen anzusprechen: «Warum bist du heute Vormittag nicht zu unserem gemeinsamen Termin erschienen?» «Tut mir wirklich Leid, es ist etwas Dringendes dazwischengekommen», druckst Karl-Heinz vor sich hin. «Ich verstehe nicht, warum du dann nicht Bescheid sagst», beschwert sich Bettina, «auf dich kann man sich überhaupt nicht verlassen. Letzte Woche zum Beispiel, da hast du mich auch nicht über die Änderungen der Workshop-Agenda informiert.» Während Bettina spricht, wird Karl-Heinz immer stiller. «Dabei hatten wir doch kurz vorher darüber gesprochen», setzt Bettina wieder an. «Du kannst mich bei so wichtigen Dingen nicht außen vor lassen. Sag doch mal was dazu.» Doch Karl-Heinz sagt nichts mehr. Jedenfalls nicht zu Bettina. Erst später, bei den Kollegen, beschwert er sich über ihren unverschämten Ton. Darüber, wie aufdringlich sie ist.

Wie Bettina und Karl-Heinz in ihrem Konflikt miteinander umgehen, ist ganz typisch. Anstatt darüber zu reden, was zwischen beiden schiefgelaufen ist, beschweren sie sich übereinander. Die eine direkt, der andere indirekt. Vorwürfe und Beschwerden verteilen jedoch nur die Schuld am Konflikt, sorgen aber nicht für die Lösung. Warum es in eine Sackgasse führt, sich gegenseitig zu beschuldigen, möchte ich Ihnen im nächsten Abschnitt erklären.

Du hast Schuld

Mit den Vorwürfen und Beschwerden ist es wie beim Autofahren. Wie das Gasgeben gehören sie zu jedem Konflikt dazu. Um vorwärts zu kommen, muss man das Gaspedal treten, sonst kann man keine Geschwindigkeit aufnehmen. Um einen Konflikt zu lösen, muss man erst einmal Dampf ablassen, dazu sind die Beschwerden gut. Nach dem Gasgeben muss man aber auch noch schalten, bremsen und um die Kurve fahren können. Nur aufs Gaspedal zu treten ist einfach zu wenig.

Irgendwann müssen Sie sagen, was Sie wollen, und nicht, was Sie ärgert.

Wer sich nur beschwert, tritt nur aufs Gaspedal und drückt den Konfliktpartner gegen die Wand. Kein Mensch denkt über gemeinsame Lösungen nach, wenn er sich abgewertet fühlt.

«Du bist unzuverlässig», heißt es da. Oder: «Du hältst dich nicht an Absprachen». Die meisten Beschwerden beginnen mit einem «Du», deswegen werden sie auch Du-Botschaften genannt. Sie verfolgen den Zweck, die Schuld für das Problem beim anderen zu suchen. Wir tun das, um uns selbst in diesem Moment zu entlasten. Insgeheim wissen wir zwar, dass wir selbst einiges dazu beigetragen haben, um den Streit zu entfachen, aber das wollen wir in dem Moment nicht wahrhaben. Wir ärgern uns, dass etwas schiefgelaufen ist, und unsere Psyche versucht nun, das schlechte Gefühl wieder loszuwerden. Da bietet sich der Vorwurf an. Was einen selbst in dem Moment entlastet, belastet den anderen. Er fühlt sich als Person abgewertet und macht dicht. Nach einer langen Kette von Vorwürfen hat keiner mehr Lust, sich ernsthaft um eine gemeinsame Lösung eines Konflikts oder eines Problems zu bemühen. Einziger Ausweg: sich rechtfertigen. Damit wiederum gießt man noch mehr Öl ins Feuer. So entsteht ein Teufelskreis aus Konflikten, aus dem man so schnell nicht mehr herauskommt.

Wenn Bettina und Karl-Heinz ihr Problem lösen wollen, können Sie sich zu Anfang ruhig ein wenig beschweren. Um einen Teufelskreis zu vermeiden, sollten sie danach unbedingt eine Konfliktstufe höher kommen. Und dazu müssen sie darüber sprechen, was sich in Zukunft verändern soll. Sie müssen also runter vom Gas und in den nächsten Gang schalten. Davon handelt der nächste Abschnitt.

Von der Beschwerde zum Anliegen

Immer wenn Menschen zu mir in die Beratung kommen und sich lauthals über etwas beschweren, setzen wir uns erst einmal in Ruhe hin und schreiben alle störenden Punkte auf ein Blatt Papier. Anschließend formulieren wir jede einzelne Beschwerde nach einer bestimmten Formel um. Die Formel heißt «Von der Beschwerde zum Anliegen kommen». Denn im Gegensatz zur Beschwerde wertet das Anliegen die andere Person nicht ab.

Die folgende Tabelle zeigt im Fall von Bettina, wie aus einer Beschwerde ein Anliegen werden kann.

Beschwerde	Anliegen
Nur weil du so unzuverlässig bist, hast du schon wieder einen wichtigen Termin mit mir verpasst.	Ich möchte in Zukunft mit dir Termine vereinbaren, die so liegen, dass du sie auch einhalten kannst.
Wenn es um wichtige Informationen geht, bin ich immer die Letzte, die du informierst.	Ich möchte mit dir besprechen, wie ich schneller an wichtige Informationen herankomme.
	Oder: Lass uns besprechen, welche Informationen so wichtig für mich sind, dass ich sie schnell bekommen sollte, und welche nicht.
Du denkst nur an dich.	Ich brauche mehr Aufmerksamkeit.
Du verhältst dich mir gegenüber unkollegial.	Ich möchte von dir wissen, wie du mit mir als Kollege zusammenarbeiten möchtest.

Durch den Prozess des Umformulierens wird aus einem bösartigen Streit ein gutartiger Konflikt. Bettina Paust fühlt sich nun gut gewappnet, ihren Kollegen Karl-Heinz erneut anzusprechen.

Was anliegt, beschwert nicht

Als Karl-Heinz eine Woche später schon wieder einen gemeinsamen Besprechungstermin absagen möchte, ergreift Bettina die Chance, um mit ihrem Kollegen zu reden.

Nur ein positiv formuliertes Anliegen löst den Konflikt.

«Jetzt bin ich wirklich sauer», beginnt Bettina und verschränkt die Arme vor der Brust, «ich habe mich extra auf diesen Termin vorbereitet. Es gibt wichtige Punkte, die wir dringend besprechen müssen, bevor wir in den nächsten Kundentermin gehen.» «Das weiß ich ja, aber ich kann doch auch nichts dafür, wenn das andere Meeting so lange dauert.» Unruhig tritt Karl-Heinz von einem Fuß auf den anderen. Die Situation ist ihm sichtlich unangenehm. Normalerweise würde Bettina genau jetzt zum Angriff blasen. Gerade diese Mischung aus Unsicherheit und billiger Ausrede macht sie so wütend. Aber sie reißt sich zusammen. Heute will sie ihr Anliegen ruhig vorbringen.

«Das versteh ich ja», setzt sie von Neuem an, «Meetings dauern häufig länger als geplant. Trotzdem möchte ich in Zukunft mit dir Termine vereinbaren, die du auch einhalten kannst.» Erstaunt schaut Karl-Heinz sie nun an. «Aber das kann ich doch nicht immer im Voraus planen. Du weißt doch, wie schnell was dazwischenkommen kann.» «Das ist ein weiterer wichtiger Punkt», schiebt Bettina schnell ein, «je weniger wir verlässliche Zeiten haben, an denen wir zusammenarbeiten können, desto länger dauert es, bis wir vernünftige Ergebnisse zustandebringen.» Erwartungsvoll schaut sie den Kollegen an. Sie sieht ihm an, wie ungewohnt dieses Gespräch für ihn ist. War er es sonst gewohnt, ihre Vorwürfe stumm über sich ergehen zu lassen, fühlt er sich plötzlich aufgefordert, Stellung zu beziehen. Doch ihm scheint nichts dazu einzufallen. Bettina nutzt die Gelegenheit, um ein weiteres Anliegen anzusprechen. «Deswegen möchte ich mal ganz grundsätzlich wissen, wie du mit mir als Kollegin zusammenarbeiten möchtest. Ich meine, wie du dich mit mir absprechen möchtest.» Nun hat Karl-Heinz die Sprache wiedergefunden. «Ja ... natürlich müssen wir uns absprechen. Das ist doch klar.» «Schön», antwortet Bettina, «dann sind wir uns darin schon mal einig. Lass uns doch in Ruhe klären, welche Termine für uns realistisch planbar sind.» «Okay», antwortet Karl-Heinz schnell, «ich habe nichts dagegen.»

Glauben Sie, die beiden haben nun ihren Konflikt gelöst? Nein, sicherlich nicht. Aber sie sind einer Lösung wesentlich näher gekommen. Ob Bettina und Karl-Heinz einen Weg finden, zusammenzuarbeiten, liegt letztendlich an ihrer inneren Bereitschaft, einen Kompromiss zu finden. Doch um genau dahin zu kommen, brauchen sie gute Gesprächstechniken, um sich überhaupt verständlich zu machen.

Oder um es anders auszudrücken: Ob Sie mit dem Auto nach Hamburg oder München fahren wollen, entscheiden Sie selbst. Wenn Sie aber mit Ihrem Auto nur Gas geben und weder schalten noch bremsen, werden Sie weder in Hamburg noch in München landen.

Ein Tipp zum Schluss

Erinnern Sie sich noch an Sigrid Schäfer aus dem ersten Teil dieses Buches? Mit Hilfe der Ich-Botschaft konnte sie der Kollegin Beate eine harsche Kritik viel leichter vermitteln.

Sie können die beiden Techniken «Von der Beschwerde zum Anliegen» und die «Ich-Botschaft» wunderbar kombinieren. Zunächst finden Sie mit der Tabelle Ihr Anliegen heraus, und anschließend gelingt es Ihnen, dieses Anliegen mit Hilfe der Ich-Botschaft sauber zu formulieren, ohne den anderen in einen Rechtfertigungszwang zu bringen.

So gelingt es Ihnen bestimmt, die manchmal schwierigen Stufen vom Streit bis zur Lösung zu erklimmen.

Wie Sie mehr geliebt werden, wenn Sie sich trauen, echt zu sein

Immer wenn ich beim Arzt bin, freue ich mich über die Wartezeit. Endlich kann ich mich in aller Ruhe über die Lebensumstände der Stars ins Bild setzen. Ich staune darüber, wie Brad Pitt es schafft, so ein toller Vater zu sein, wie Angelina Jolie trotz mehrfacher Mutterschaft und sozialem Engagement bildschön bleibt. Wie lässig und cool Madonna trotz ihrer 50 Jahre auf der Bühne herumspringt und wie faszinierend es doch ist, wenn alles so perfekt scheint wie in den «Galas» dieser Welt.

Nach der Lektüre schlage ich diese Seiten zufrieden wieder zu und freue mich daran, nicht so perfekt sein zu müssen wie die Stars in den Zeitschriften. Viel einfacher ist es doch, so zu sein, wie man eben ist. Schwach, ängstlich, widersprüchlich … so wie alle anderen eben auch. Denn sonst könnten wir unseren Liebsten nicht auf Augenhöhe begegnen. Wie schwer muss es sein, jemanden zu lieben, der alles besser kann. Und um wie viel schwerer ist es erst, sich geliebt zu fühlen, wenn man glaubt, alles perfekt machen zu müssen.

Dieses Kapitel handelt davon, wie Sie geliebt werden, wenn Sie sich trauen, echte Gefühle zu zeigen. Denn das ist manchmal gar nicht so einfach. Besonders, wenn es um Gefühle geht, die eigentlich niemand sehen darf. Genau so ergeht es Britta gerade. Der 39-jährigen Grafikerin droht die Kündigung, und es fällt ihr schwer, Ihrem Mann zu zeigen, wie schlecht es ihr gerade in diesem Moment geht.

Keiner darf es sehen

Erschöpft schält sich Britta aus dem Kinderbett. Nach der Gutenachtgeschichte für die kleine Mira sind ihr die Augen gleich mit zugefallen. Endlich Ruhe. Unten im Wohnzimmer wartet Simon auf sie. Solange ihre Tochter noch wach war, wollte sie nicht erzählen, wie das entscheidende Gespräch mit ihrem Chef über eine mögliche Versetzung ausgegangen ist. Simons Meinung ist ihr besonders wichtig, denn schließlich kennt er ihren Chef ziemlich gut. Er ist sowohl Simons als auch Brittas Vorgesetzter. «Und?», fragt Simon, als Britta die Treppe herunterschlurft, «was hat er gesagt?» Lustlos blättert er in einer Zeitschrift, als Britta beginnt: «Ich habe mein Ziel nicht erreicht. Meine Argumente für die Versetzung in die Buchhaltung hat er sich noch nicht einmal angehört.» Ihre Stimme wird leiser, als sie fortfährt: «Vielleicht hätte ich nicht sagen sollen, dass ich den Betriebsrat eingeschaltet habe.» «Das finde ich auch», hakt Simon ein und lässt die Zeitung auf den Fußboden fallen. «Es war doch klar, dass er das als Angriff versteht. Du kennst ihn doch, wenn er mit dem Rücken zur Wand steht, sieht er rot.» «Ich weiß, aber was soll ich denn machen …?», sie spricht den Satz nicht zu Ende. «Ach, ich kann mir schon vorstellen, wie mies seine Laune morgen wieder sein wird», ruft Simon und zieht eine Grimasse, «mit mir redet er sowieso kaum noch. Aus Angst, ich könnte dir alles brühwarm weitererzählen.»

Britta blickt schweigend nach unten. Dann, nach kurzem Schweigen, platzt es aus ihr heraus: «Simon, ich weiß, dass du auch unter der Situation leidest. Aber was hätte ich denn sonst sagen sollen? Ich muss doch auch zusehen, das Letzte aus der Situation rauszuholen. Ich tu es doch auch für uns.» Simon ist aufgestanden, um aus der Küche ein Bier zu holen. Als er wiederkommt, antwortet er: «Klar, weiß ich ja, aber das mit dem Betriebsrat hättest du wirklich diplomatischer einfädeln können.»

Britta ist frustriert. Wieder mal reagiert Simon völlig gefühllos. Warum kommt er eigentlich nie auf die Idee, sie zu trösten? Die ganzen Gespräche rund um ihre Kündigung sind immer so sachlich und kühl. Liebt er sie überhaupt noch? Mittlerweile zweifelt sie daran.

Ich finde es völlig verständlich, dass Britta sich vernachlässigt fühlt. Wer wäre nicht enttäuscht, wenn der eigene Partner in einer Notsituation so kalt reagiert wie Simon. Andererseits – Britta selbst zeigt ja auch keine Gefühle. Wen wundert es dann, dass ihr betont sachliches Verhalten ebenso sachliche Reaktionen hervorruft?

Nur wenn Sie Ihre Gefühle zeigen, fühlen die anderen mit Ihnen.

Im Grunde bin ich mir sicher, dass weder Britta noch Simon gefühlskalt sind. Trotzdem zeigen sie ihre Gefühle nicht. Vor allem Britta ist deswegen enttäuscht. Doch so schwer es ihr auch fällt, wenn sie getröstet werden möchte, sollte sie auch zeigen, dass sie unglücklich ist.

Im folgenden Abschnitt möchte ich Ihnen daher zeigen, wie es Britta und Simon gelingen kann, ihren betont sachlichen Umgang miteinander gefühlvoller zu gestalten.

Gedacht ist nicht gesagt

Nicht immer kann man echte, tiefe Gefühle zeigen. Es gibt genügend Situationen im Alltag, in denen es besser ist, sachlich zu bleiben. In der momentanen Kündigungssituation passt das rein Sachliche aber nicht. Gerade jetzt ist es wichtig, auch Gefühle zu zeigen, damit beide sich in der unsicheren Situation miteinander sicher fühlen können. Um in den Gefühlsmodus zu wechseln, müssen beide beginnen, das auszusprechen, was sie bislang voreinander versteckt gehalten haben.

Die folgende Abbildung, der Verhaltens-Teufelskreis, zeigt, wie sachliche und gefühlsmäßige Äußerungen sich ergänzen können.

Der Verhaltens-Teufelskreis

???

Gefühlsäußerung Simon

Sachliche Äußerung Simon

«Erwähn den Betriebsrat nicht.»

Sachliche Äußerung Britta

«Was soll ich tun?»

Gefühlsäußerung Britta

???

Abb. 5: Der Verhaltens-Teufelskreis

Was könnte nun in den Kästen mit den Fragezeichen stehen? Im Falle von Britta kann man es sich leicht denken. Sie könnte Simon sagen, dass sie traurig und ängstlich ist und getröstet werden möchte. Aber was ist mit Simon? Ich könnte mir vorstellen, dass er ebenfalls Angst hat, seinen Job zu verlieren. Das wären dann zwei Arbeitslose in der Familie. Verständlich, davor Angst zu haben. Vielleicht möchte

Wenn Sie gefühlvoll behandelt werden möchten, sollten Sie auch selbst Gefühle zeigen.

er deswegen nicht darüber reden, um Britta nicht noch zusätzlich zu verunsichern. Genau solche Gedanken und Gefühle müsste Britta mitbekommen, dann könnte sie seine Fürsorge spüren, und es würde ihr bestimmt besser gehen.

Warum also fällt es Britta und Simon so schwer, über Gefühle wie Verunsicherung und Angst zu reden? Warum glauben wir immer wieder, dass Gefühle, die wir verdrängen, irgendwann verschwinden? Darum geht es im nächsten Abschnitt.

Gespenster sind nur im Dunkeln zum Fürchten

Jeder Mensch macht im Laufe seines Lebens Erfahrungen, die ihn verzweifeln lassen. Das kann der Tod eines geliebten Menschen sein, eine schmerzliche Trennung oder eine Krise wie Arbeitslosigkeit und andere Erlebnisse, die man als Scheitern empfindet. Solche Erlebnisse werden immer von negativen Gefühlen begleitet. Und obwohl das sehr unangenehm ist, helfen uns diese schmerzlichen Gefühle, das Erlebte zu verarbeiten. Irgendwann, wenn die Erfahrung abgespeichert wird, lassen auch die Ängste automatisch nach. Dann kehrt allmählich wieder Zuversicht ein. Viele Menschen brechen diesen völlig normalen Verarbeitungsprozess leider vorzeitig ab, weil sie nicht wissen, wie sie mit ihren negativen Gefühlen umgehen sollen. Vielleicht haben sie einmal gelernt, dass negative Gefühle bedrohlich sind. Dann tun sie alles, um sie schnell zu verdrängen. Nun weiß die Psychologie, dass verdrängte Gefühle nicht einfach verschwinden, sondern im Unterbewusstsein unkontrolliert ihr Unwesen treiben.

Negative Gefühle helfen Ihnen, schwierige Situationen zu verarbeiten.

Vielleicht hat Britta nicht gelernt, ihre Unsicherheit und ihre Ängste zu zeigen. Aber insgeheim wünscht sie sich doch, Simon würde sie erkennen, ohne dass sie ihre Befindlichkeit zeigen muss. Sie hofft, dass Simon ihr hilft, die negativen Gefühle zu verarbeiten. Genau das wird wahrscheinlich nicht passieren. Simon wird ihre Gefühle nicht erahnen und kann somit auch nicht angemessen reagieren. Also bleiben Brittas Gefühle im Dunkeln. Und da wirken sie weiter.

Ich rate Menschen, denen es so geht wie Britta, eine kleine Übung auszuprobieren, um die Hürde, echte Gefühle zu zeigen, zu überwinden. Sie funktioniert folgendermaßen:

1. Schätzen Sie auf einer Skala von 1–10 ein, wie stark Ihre Befürchtungen, Gefühle in einer bestimmten Situation zu zeigen, sind. So würde Britta ihre Hemmungen, mit Simon über ihre unsichere Situation zu sprechen, auf ihrer persönlichen Skala auf sieben einschätzen.

2. Sprechen Sie nun mit Ihrem Partner/Ihren Freundinnen/Kollegen und zeigen Sie Ihre wahren Gefühle, seien es nun Ängste oder andere Befürchtungen.

3. Schätzen Sie nach dem Gespräch auf einer Skala von 1–10 ein, wie stark die Befürchtungen, Ihre echten Gefühle zu zeigen, jetzt noch sind.

Ich habe während meiner Tätigkeit als Beraterin noch keinen einzigen Menschen erlebt, der seine Befürchtungen im Nachhinein nicht als unbegründet eingeschätzt hätte.

So ähnlich ist es ja bei Kindern, die Angst vor der Dunkelheit haben: Wenn man das Licht anknipst, sind die Geister verschwunden. Richten Sie den Lichtkegel auf Ihre wahren Gefühle, indem Sie mit Ihrem Partner darüber reden. Sie werden sich wundern, wie klein und unbedeutend die Angstgespenster anschließend sind.

Mutprobe

Natürlich kostet es Überwindung, echte Gefühle zu zeigen. Vor allem, wenn man ängstlich und unsicher ist. Trotzdem wagt Britta diesen entscheidenden Schritt, weil die Belastung im Job unerträglich geworden ist. Sie braucht jetzt dringend Simons Unterstützung.

Es ist wieder Abend und Mira ist schon im Bett, als Britta das Gespräch mit Simon sucht. «Heute habe ich wieder mit Mark gesprochen. Er hat mir den Job in der Poststelle angeboten.» «Und?», fragt Simon, sichtlich neugierig auf ihre Reaktion, «was hast du gesagt?» «Ich hab ihm natürlich gesagt, dass das überhaupt nicht in Frage kommt. Ich bin Grafikdesignerin und will keine Briefe sortieren.» Sichtlich entrüstet richtet sich Britta im Sessel kerzengerade auf. «Na ja», erwidert Simon gedehnt, «du solltest auch daran denken, dass uns ein Gehalt fehlt, wenn du jetzt alles hinschmeißt.» Britta steigen die Tränen in die Augen, und es platzt aus ihr heraus: «Simon, weißt du eigentlich, was du da sagst? Weißt du eigentlich, wie es mir geht, wenn der mich an die Poststelle abschiebt?» Während sie spricht, kippt ihre Stimme und wird zum Schluchzen. «Aber Britta», versucht Simon sie zu trösten, «was hast du denn? Sei doch vernünftig, so was darfst du gar nicht persönlich nehmen.» Das ist jetzt endgültig zu viel. Ein ganzer Tränenstrom ergießt sich über Brittas Gesicht, «aber ich nehme es persönlich. Es betrifft ja mich und mein Leben. Und du stehst daneben und nimmst mich noch nicht mal in den Arm.» Jetzt ist es raus. Sie wollte doch vernünftig bleiben, erwachsen, so wie Simon es gewohnt ist. Jetzt weint sie wie ein kleines Kind. Simon kniet unbeholfen neben ihr und streicht ihr über den Kopf. «Ich will dir doch nur helfen. Ich wusste nicht, das dir das so nahe geht», versucht er sich zu erklären. «Aber das hilft mir nicht», ruft Britta empört, «was ich brauche, ist deine Unterstützung, sonst habe ich das Gefühl, ganz allein dazustehen.» «Du bist nicht allein», Simon streicht ihr sanft über den Kopf, «wir stehen das zusammmen durch. Aber manchmal weiß ich auch nicht so richtig, was ich tun kann, um dir zu helfen.»

Jetzt ist der Bann gebrochen. Simon und Britta haben die sachliche Ebene verlassen und reden über ihre Gefühle. Und das tut beiden sehr gut. Auch wenn sie in diesem Moment noch keine Lösung für die schwierige Situation im Job finden. Viel wichtiger ist jetzt, dass sie einander wieder zeigen, dass sie sich lieben.

4. Mut –

Was dazu gehört, neue Wege zu gehen

Was passiert, wenn Sie plötzlich Spaß an der Arbeit haben

Schon von Weitem sieht Claudia Braun, dass vier Mitarbeiter aus ihrem Team schwatzend vor der Kantine stehen. «Na großartig», denkt sie, «als wenn wir eine Woche vor der SAP-Einführung nichts Besseres zu tun hätten als Kaffeekränzchen abzuhalten.» Mit grimmiger Miene stapft die Teamleiterin des mittelständischen Handelsunternehmens auf ihre Leute zu. Und sie ruft ihnen zu: «Und jetzt mal hopp, hopp an die Arbeit. Wir können es uns nicht leisten, hier auf dem Flur rumzustehen. Oder haben die Damen und Herren schon Feierabend?» Betretenes Schweigen. Mit offenem Mund starrt Günther seine Chefin an. «Aber... wir sind gerade mittendrin», stottert er, «ich meine, wir besprechen gerade die letzte Projektphase.» «Ja, ja», Claudia Braun lächelt süffisant, «so seht ihr aus. Na, dann lasst euch mal nicht stören.»

Jetzt mal Hand aufs Herz, liebe Leserin, lieber Leser, was glauben Sie? Wird dort vor der Kantine gearbeitet oder geschwatzt? Wenn Sie jetzt auf Schwatzen tippen, schließen Sie sich der überwiegenden Meinung der Bevölkerung an. Denn die meisten Menschen im deutschsprachigen Raum sind immer noch der Meinung, dass dort, wo gelacht wird, nicht gearbeitet werden kann.

Erst die Arbeit, dann das Vergnügen

Die meisten von uns sind mit folgender Einstellung aufgewachsen. Wenn man arbeitet, strengt man sich an. Nur dann kann man was leisten. Und wenn man sich anstrengt, ist man auch streng – und ernst. Und wo man ernst ist, wird nicht gelacht. Denn wo gelacht wird, wird nicht richtig gearbeitet.

Vielleicht lachen Sie jetzt über diese Ansammlung von Vorurteilen und Binsenweisheiten. Ich bin mir sicher, dass viele Menschen nach genau diesem Prinzip arbeiten. Ich nenne so ein Arbeitsklima die X-Welt. In der X-Welt gehört dem Tüchtigen die Welt. Meistens herrscht dort ein Klima des Misstrauens. Die Menschen haben Angst, zu versagen, und strengen sich sehr an, um ihren Job nicht zu verlieren. Die X-Welt gehört den Goliaths. Dort wird Auge um Auge gekämpft. Hier darf der innere Antreiber noch vorbehaltlos regieren. Während der Arbeitszeit wird geschuftet wie auf einer Galeere, nach Feierabend darf man Spaß haben.

Ganz anders sieht es in der Y-Welt aus. Hier gehen die Mitarbeiter offen mit Problemen um. Weil einer dem anderen vertraut, darf man sich Fehler eingestehen. Aus der Perspektive der Y-Welt sieht die Szene vor der Kantine folgendermaßen aus: Nach einem Arbeitsessen stehen die Projektkollegen noch einen Moment beieinander und genießen es, dass sie so gut zusammenarbeiten. Gerade eben haben sie darüber gesprochen, wie

Leistung und Spaß schließen sich nicht aus.

sie ein grobes Missverständnis bei einer Abstimmung von Aufgaben in letzter Minute klären konnten, bevor es zur Katastrophe kommt. Sie lachen, weil sie erleichtert sind. Durch die gute Zusammenarbeit ist mittlerweile so viel Vertrauen entstanden, dass sie sich offen und ehrlich erzählen können, wenn etwas schiefgelaufen ist. Weil alle entspannt sind, macht ihnen die Arbeit Spaß.

Die Trennung in X- und Y-Welt ist natürlich Fantasie. In Wirklichkeit sind wir in beiden Welten zu Hause. Trotzdem gibt es gute Gründe, in bestimmten Situationen eine dominante X-Welt mit

Gegenseitiges Verständnis hält den Stresspegel niedrig.

mehr Y-Atmosphäre anzureichern. Zum Beispiel dann, wenn der

Perfektionismus in Ihrer Firma überhand nimmt und Sie vor Anstrengung und Stress krank werden.

Warum gerade Spaß, Gelassenheit und Wertschätzung besonders wirksam gegen Stress und Anstrengung wirken, möchte ich Ihnen im nächsten Abschnitt erklären.

Spaß als Stresspuffer

Mit mehr Spaß bei der Arbeit ist nicht Witze reißen, Füße hochlegen oder Lästern über Bürokollegen gemeint. Spaß bei der Arbeit meint eine vertrauensvolle und entspannte Atmosphäre, in der konzentriert und effektiv gearbeitet wird. Dann drückt die Freude jene Entspannung aus, die alle spüren.

Wer im Austausch bleibt, kann sich auch mal etwas Negatives sagen.

Studien des Gallup Instituts belegen seit Jahren eindrucksvoll, was passieren muss, damit sich Menschen am Arbeitsplatz gesund und leistungsstark fühlen – und somit mehr Spaß haben können. Die Studien zeigen, dass eine Atmosphäre der Wertschätzung, der Anerkennung und der Gewissheit, von den Kollegen unterstützt zu werden, dazu führen, dass Mitarbeiter weniger Fehlzeiten aufweisen und seltener krank sind. Die Psychologie nennt das «social support». Dies sind die wesentlichen Verhaltensweisen, die zu diesem Wohlgefühl führen:

Social support...

... ist die Erfahrung, dass sich jemand um mich kümmert, mich wertschätzt und achtet;

... ist das Gefühl, Teil eines sozialen Netzwerkes zu sein, das auf gegenseitiger Unterstützung und Verpflichtung beruht;

... zeigt sich am Arbeitsplatz durch soziale Interaktion mit Kollegen und Vorgesetzten.

So leicht kann es also sein, eine gesunde und leistungsstarke Arbeitsatmosphäre herzustellen. Die Emil Schnell GmbH hat diese Prinzipien bereits verinnerlicht. Im nächsten Abschnitt lesen Sie, wie «social support» im Alltag umgesetzt wird.

An einem Strang ziehen

Umzug des Lagers bei der Emil Schnell GmbH, einem mittelständischen Logistikunternehmen: Unter den Mitarbeitern herrscht rege Betriebsamkeit. Jetzt, eine Woche vor dem Umzug, ist die heiße Phase angelaufen. Stefan Jakob, der Lagerleiter, setzt sich jeden Morgen mit seinen Leuten zusammen. Man bespricht, was für heute auf dem Plan steht und was von gestern noch liegengeblieben ist. Martin und Bernhard sind gleich zu Anfang in einen Streit geraten. «Wir haben gestern bis abends um neun die Lagerbestände in Abschnitt D sortiert. Wieso warst du eigentlich nicht dabei, Bernhard?» «Davon wusste ich gar nichts», erklärt Bernhard, «mir hat keiner was gesagt.» «Doch», antwortet Martin, «wir hatten mittags darüber gesprochen. Du standest doch direkt neben uns und hast sogar genickt.» «Nein», reagiert Bernhard entrüstet, «das hast du geträumt.» «Willst du mir jetzt unterstellen, dass ich mir was ausdenke?», wie zum Angriff fuchtelt Martin mit den Armen hin und her. «Stopp», ruft Stefan, «jetzt beruhigt euch wieder, das klären wir nachher unter sechs Augen.» Er übernimmt wieder das Ruder, um den nächsten Punkt zu besprechen.

Drei Stunden später ist die Angelegenheit geregelt. Es stellt sich heraus, dass Bernhard sich vor den Kollegen nicht getraut hat zu sagen, dass er wegen des Geburtstages seiner Frau pünktlich nach Hause wollte. Stefan vermittelt zwischen den beiden Kollegen. Er sagt klipp und klar, was er von beiden in so einer Situation erwartet. «Du musst sagen, wenn du nicht kannst, Bernhard. Davon abgesehen muss jeder in der heißen Phase eben auch mal länger bleiben können. Trotzdem muss die Gruppe mittragen, wenn es davon aus guten Gründen eine Ausnahme gibt. Das muss toleriert werden, Martin. Viel wichtiger ist, dass ihr so etwas offen besprecht. Sollte das nicht funktionieren, müsst ihr so schnell wie möglich Bescheid sagen.»

Zwei Wochen später ist es geschafft. Auch der letzte Karton ist heil im neuen Lager angekommen. Gleich in der ersten Morgenrunde im neuen Gebäude bedankt sich Stefan bei seinen Mitarbeitern. Jeder Einzelne wird vor versammelter Mannschaft für seinen Einsatz persönlich gewürdigt. Einen Tag später feiern alle gemeinsam den gelungenen Umzug mit einem Grillfest.

Stefan ist beides gelungen. Er hat den Umzug perfekt organisiert und er hat sein Team auch in schwierigen Phasen zusammenhalten können. Jeder einzelne Mitarbeiter hat sich von ihm und den Kollegen unterstützt gefühlt. Auch als es Streit gab, wurde keiner damit allein gelassen.

Die Kollegen im Lager hatten trotz des Stresses viel Spaß miteinander. Und gerade deswegen haben sie ihre Aufgabe so gut gemeistert.

Ich möchte Ihnen zum Abschluss dieses Kapitels einige Tipps geben, wie Sie selbst – ganz gleich ob Sie Mitarbeiter oder Führungskraft sind –, für mehr Wertschätzung, Anerkennung und somit mehr Freude bei der Arbeit sorgen können.

Tue Gutes und rede darüber

«Wenn ich nichts sage, heißt das, es ist alles in Ordnung», lautet ein weit verbreitetes Feedback-Prinzip unter Führungskräften. Wenn Sie Ihren Kollegen Wertschätzung und Anerkennung vermitteln wollen, sollten Sie diesen Rat auf keinen Fall beherzigen. Schweigen wird von den meisten Menschen nicht als Zustimmung, sondern als Ablehnung gedeutet. Am besten gewöhnen Sie sich an, über alle wichtigen Dinge rund um die Zusammenarbeit regelmäßig zu reden.

Ich möchte Ihnen zwei Basistechniken vorstellen, mit denen Sie auf eine wertschätzende Art und Weise mit den Kollegen in Beziehung treten können und ihnen trotzdem auch in schwierigen Situationen faire Rückmeldungen geben können.

Basic: Auf eine gute Arbeitsbeziehung achten

– Hören Sie Ihrem Gesprächspartner aufmerksam zu. Versuchen Sie, eigene Gedanken und Ideen dabei zunächst zurückzuhalten.

– Fühlen und denken Sie sich in die Situation des Gesprächspartners ein. Stellen Sie sich ab und zu die Frage: «Wie denkt und fühlt jemand, der so etwas sagt?»

– Zeigen Sie Ihrem Gesprächspartner verbal und nonverbal, dass Sie ihn verstanden haben.

– Sprechen Sie in der Ich-Form, wenn Sie eine Meinung vertreten, und vermeiden Sie Vorwürfe in der Du-Form.

– Verwenden Sie häufiger Sätze, die zeigen, dass Sie Ihren Gesprächspartner verstanden haben: «Das kann ich mir vorstellen, wie anstrengend das für Sie war», «Ich an Ihrer Stelle hätte mich ähnlich gefühlt» und «Das kenne ich auch.»

Oft geht es gar nicht darum, mit jemandem einer Meinung zu sein, damit man eine gute Beziehung hat. Viel wichtiger ist es, sich im Moment des Gesprächs komplett auf den anderen einzulassen. Wenn Sie die Punkte im Kasten «Gute Arbeitsbeziehung» beherzigen, sorgen Sie für ein gutes Fundament funktionierender Arbeitsbeziehungen.

Eine gute Arbeitsbeziehung macht sich gerade bei Streit bezahlt.

Die zweite wichtige Methode, um mit den Kollegen und dem Team regelmäßig in Kontakt zu bleiben, ist das Drei-Stufen-Feedback. Es gibt Ihnen die Möglichkeit, auch unangenehme Dinge anzusprechen.

Jemandem Feedback zu geben bietet sich immer dann an, wenn man über die gemeinsame Zusammenarbeit sprechen möchte. Das können ein gemeinsamer Auftrag, Routineabsprachen oder ein Projekt sein. Feedback tut allen Beteiligten gut, entweder während oder am Ende der Zusammenarbeit. Achten Sie in jedem Fall darauf, dass

> **Basic: Feedback geben**
> – «Behalte bei …»: Stärken des anderen zurückmelden.
> – «Zeige mehr von …»: Stärken des anderen zurückmelden, die noch mehr zum Vorschein kommen könnten.
> – «Zeige weniger von …»: Schwächen des anderen zurückmelden.

alle Beteiligten nach dem Prinzip des Drei-Stufen-Feedbacks vorgehen. Achten Sie außerdem darauf, dass die Reihenfolge eingehalten wird. Schwächen oder Negatives sollten immer zum Schluss genannt werden. Der Einstieg hingegen muss für positive Rückmeldungen reserviert sein. Nur dann, wenn der Feedback-Empfänger sich durch eine positive Rückmeldung persönlich öffnet, kann man auch Negatives ansprechen, ohne das Risiko einzugehen, den anderen persönlich zu verletzen.

Regelmäßiges Feedback beugt Konflikten vor.

Auf eine gute Arbeitsbeziehung achten und Feedback geben spiegeln die Wertschätzung der Y-Welt wieder. Beide Techniken sind David-Werkzeuge. Sie können auf zwei verschiedene Arten benutzt werden. Entweder zum Kampf gegen einen X-Goliath oder in einem Heer lauter Davids, um die Goliaths auszulachen – und um definitiv mehr Spaß bei der Arbeit zu haben.

Was du heute kannst besorgen, das verschiebe ruhig auf morgen

Erinnern Sie sich noch an Thomas Ritter aus dem ersten Teil dieses Buches? Aus Angst, nicht genug zu leisten, stand er sehr unter Druck. Nicht nur sein Chef, vor allem sein innerer Antreiber spornte ihn zusätzlich zu Höchstleistungen an. Ich habe Ihnen gezeigt, wie Sie Ihre Antreiberbefehle so umformulieren können, dass der innere Druck wieder nachlässt.

Vielleicht haben Sie es selbst schon einmal ausprobiert. Ich könnte mir vorstellen, dass ein positiv formulierter Antreibersatz wie zum Beispiel «Ich bin zufrieden mit meinen Leistungen, auch wenn am Abend noch etwas liegengeblieben ist» einem ungesunden inneren Hochdruck entgegenwirken kann.

Was aber, wenn Sie noch mehr wollen? Wenn es nicht ausreicht, den inneren Antreiber einzudämmen, sondern wenn Sie ihm etwas Positives entgegensetzen möchten? So wie es nicht ausreicht, schlechte Gewohnheiten, wie zum Beispiel das Rauchen, aufzugeben. Um es endgültig zu lassen, brauchen Sie nämlich eine gute Alternative. Vielleicht mehr Sport?

Auf den inneren Antreiber zu reagieren ist auch eine schlechte Angewohnheit. Genau darum geht es in diesem Kapitel. Ich möchte Ihnen zeigen, wie Sie dem inneren Antreiber etwas Positives entgegensetzen können. Nur dann bekommen wichtige Bedürfnisse im Joballtag mehr Bedeutung. Nur dann können Sie langfristig eine solide Anti-Druck-Zone aufbauen.

Der innere Wegweiser

Der Schwächeanfall am Schreibtisch hat Thomas gut getan. Zwei Tage später nimmt er sich Zeit, alles von Grund auf zu überdenken. Ganz in Ruhe legt er an einem Sonntagnachmittag eine Reihe von Zetteln vor sich auf den Fußboden. Nach und nach schreibt er auf jeden Zettel ein wichtiges Bedürfnis.

«Ich brauche mehr Zeit für mich», steht da zum Beispiel. Oder: «Ich will endlich mal wieder ein ganzes Wochenende lang schlafen und lesen.»

Diese beiden Bedürfnisse beziehen sich auf Erholung, Freizeit und Feierabend. Zwei andere Bedürfnisse haben etwas mit Thomas' Bedürfnissen im Job zu tun:

«Ich brauche mehr Zeit, um die Projektaufgabe konzentriert zu erledigen.» «Meine Kollegen zu unterstützen ist mir wichtig.» «Am Anfang der Prozessanalyse brauche ich genügend Zeit, um mich einzuarbeiten. Wenn ich erst mal drin bin, macht es mir nichts mehr aus, unter Druck zu arbeiten, dann fühle ich mich in der Materie sicher.»

Eigene Bedürfnisse sind wie ein innerer Wegweiser. Sie zeigen uns, wie wir uns vor übertriebenen Ansprüchen schützen können. Doch wenn man wie Thomas nur den Befehlen des inneren Antreibers folgt, ist der Blick auf die eigenen Bedürfnisse wie vernebelt. Man erkennt sie einfach nicht. Ich möchte Ihnen daher im folgenden Abschnitt ein Modell vorstellen, mit dem Sie sowohl Ihre wichtigsten Antreiberbefehle als auch zentrale Bedürfnisse erkennen können, bevor der Druck zu hoch wird. So können Sie rechtzeitig gegensteuern.

Das Stress-Balance-Modell

Das Stress-Balance-Modell besteht aus zwei Säulen: dem inneren Antreiber und dem inneren Kind. Idealerweise regeln beide auf eine harmonische Art und Weise unsere täglichen Anforderungen im Job. Der innere Antreiber spielt dabei den herausfordernden, ehrgeizigen und leistungsorientierten Teil. Er sorgt dafür, dass wir das Letzte aus uns herausholen. In Form von positiven Antreiberbefehlen sorgt er für gute Leistungen.

Und dann ist da noch das innere Kind: bedürfnisorientiert, spontan, fröhlich und entspannt. Es sorgt für Ausgleich und Entspannung. Seinen Steckbrief kennen Sie noch nicht. Hier ist er:

Das innere Kind
– ist gefühlvoll und sensibel,
– hat ursprüngliche Bedürfnisse und Sehnsüchte,
– trägt Lebensfreude, Genussfähigkeit und Kreativität in sich,
– handelt impulsiv und spontan,
– freut sich an Kleinigkeiten.

Das innere Kind möchte uns an wichtige Arbeitsplatzbedürfnisse erinnern:

– Ich brauche während der Arbeit Zeit, um mit meinen Kollegen einfach nur zu plaudern.
– Ich muss bei der Arbeit auch mal lachen können.
– Ich brauche genügend Pausen.
– Im Großraumbüro möchte ich mich regelmäßig in einen separaten Raum zurückziehen können.

Nun gilt es, eine harmonische Balance zwischen den beiden Säulen herzustellen. Wie gut das funktionieren kann, erzählt im folgenden Abschnitt das Beispiel einer Mutter, die in Teilzeit arbeitet.

Der Klügere hat Spaß

Christa Tausch ist 41 Jahre alt, verheiratet und hat zwei Kinder im Alter von sechs und acht Jahren. Von Montag bis Mittwoch arbeitet sie in Teilzeit als Sachbearbeiterin einer Berufsgenossenschaft. Nach dem Wochenende wartet am Montagmorgen immer der Arbeitsberg von Donnerstag und Freitag der vorangegangenen Woche auf sie.

Montagmorgen, 8.30 Uhr: Auf Christas Schreibtisch stapeln sich Aktenmappen. Da sie donnerstags und freitags nicht im Büro ist und sie auch keiner vertritt, quillt außerdem ihr E-Mail-Postfach über. Früher meldete sich dann gleich ihr innerer Antreiber: «Los», rief er ungeduldig, «bis heute Nachmittag musst du die Hälfte geschafft haben, sonst beschwert sich Kollege Müller wieder.» Ihren Antreiber hat Christa mittlerweile gut im Griff. Sie atmet tief durch und sagt sich: «Ich arbeite ruhig und zügig alles durch, ohne mich zu hetzen.» Seit Neustem meldet sich auch noch ihr inneres Kind zu Wort: «Am besten gehst du jetzt erst mal in die Küche, kochst dir einen schönen Tee und plauderst mit Monika. Mal hören, was am Freitag hier so los war.» Diese Spaß-Investition kostet sie zehn Minuten und erspart ihr später drei Stunden Kopfschmerzen.

Montagmittag, 12.00 Uhr: Christa ist immer noch nicht so weit, wie sie gehofft hat. Es gab aufwendige Kundenbeschwerden, eine Akte musste wegen Fehlern nochmals bearbeitet werden, und dann kam ihr Chef, Herr Schulze, und kritisierte sie wegen eines fehlenden Dateneintrags. Früher hätte ihr Antreiber gerufen: «Streng dich mehr an. Als Teilzeitkraft musst du doppelt so gut sein wie die anderen.» Jetzt sagt sie sich: «Ich bemühe mich, gute Arbeit zu leisten. Dass mal ein Fehler passiert, ist kein Beinbruch.» Und seit Neuestem meldet sich auch noch ihr inneres Kind zu Wort: «Die ersten drei Stunden hast du geschafft. Jetzt gönnst du dir zwei Minuten Atementspannung am offenen Fenster zur Südseite raus.» Diese Entspannungs-Investition kostet sie mit An- und Abreise zum Fenster zehn Minuten ihrer Arbeitszeit und erspart ihr in der kommenden Nacht zwei Stunden Schlaflosigkeit.

Montagnachmittag, 17.00 Uhr: Feierabend. Christa hat ihr Tagespensum nur zu 80 Prozent geschafft. Früher hätte ihr Antreiber laut geschrien: «Reiß dich zusammen und bleib eine halbe Stunde länger, damit du wenigstens den letzten Vorgang noch schaffst.» Heute sagt sie sich: «Du hast zwar nicht alles geschafft, was du dir vorgenommen hast, aber in drei Fällen hast du sehr gute Arbeit geleistet.» Und ihr inneres Kind ergänzt: «Das ist eine Belohnung wert. Ein Eis essen, einen Cappuccino am See trinken, bevor du nach Hause fährst oder ein netter Fernsehabend mit Bernd bei einer schönen DVD?» Diese Belohnungs-Investition kostet sie zwischen zwei Euro fünfzig und sechs Euro und erspart ihr zehn Punktwerte ihres Cholesterinspiegels.

Anspannen und entspannen

Sind Sie auf den Geschmack gekommen? Dann nehmen Sie sich doch ein Blatt Papier und schreiben Sie Ihre Bedürfnisse im Job oder im Privatleben einmal auf.

Als Überschrift wählen Sie: «Mein inneres Kind rät mir Folgendes: …»

Dann schreiben Sie die persönlichen Antreiberbefehle, die Sie bereits weiter oben herausgefunden haben, auf ein zweites Blatt Papier. Sie sollten jedoch darauf achten, dass Sie nur positive Befehle aufschreiben. Zum Schluss schauen Sie sich noch einmal die «Unter-Druck-Situationen» aus dem Kapitel «Wenn Sie unter Druck stehen» an. Ergänzen Sie nun die Hinweise Ihres inneren Kindes. Sie werden sehen, dass ihr Job-Alltag sich um einiges ent-stresst. Ich bin sogar davon überzeugt, dass Sie nicht nur mehr Spaß bei der Arbeit haben, sondern dass Sie auch langfristig erfolgreicher sein werden.

Denken Sie an das David-Geheimnis. Die Kraft, die Sie brauchen, um die Anforderungen des Tages zu meistern, bekommen Sie nicht, indem Sie noch stärker, noch größer oder noch lauter werden. Sie gewinnen sie aus einem großen Tank an Zufriedenheit und Lebensfreude. Und diesen Tank füllt nur Ihr inneres Kind.

Was Ihnen gut tut, bestimmen immer noch Sie

«Sven, denkst du daran, dass wir in einer Stunde losfahren müssen?», ruft Regina ihrem Mann durch die Küche zu, «ich möchte auf keinen Fall zu spät bei Rainer und Monika sein.» Sven dreht sich erschrocken um, als seine Frau plötzlich im Türrahmen steht. «Mensch, Rainers Geburtstag! Hab ich völlig vergessen», stammelt er. Das schlechte Gewissen steht ihm förmlich ins Gesicht geschrieben. «Nicht schon wieder!», ruft Regina. Es ist ihr anzusehen, wie wütend sie ist. «Erst letztes Wochenende hattest du keine Zeit, mit uns aufs Land zu fahren. Und jetzt hast du schon wieder nur an dich und dein Afrika gedacht.» «Das ist nicht mein Afrika», reagiert Sven deutlich gereizt, «Du weißt ganz genau, wie wichtig es für die Menschen dort ist, dass das Bauprojekt fortgesetzt wird. Und als Maschinenbauingenieur, der die Verhältnisse vor Ort bestens kennt, kann ich als Einziger dafür sorgen, dass die Spendengelder richtig verteilt werden …» «Sven», unterbricht Regina seinen Redefluss, «merkst du gar nicht, wie du dich da in etwas verrannt hast? Man kann doch nicht jeden Tag arbeiten gehen, sich ehrenamtlich für ein Bauprojekt in Afrika engagieren, noch bei den Pfadfindern Jugendgruppen betreuen und …» «Du verstehst das einfach nicht», ruft Sven dazwischen, «es ist doch nur für eine kurze Zeit. Sobald die Gelder richtig verteilt sind, muss ich mich nicht mehr viel darum kümmern. Dann läuft das doch von alleine. Aber sieh mal, die Menschen da unten brauchen mich. Ich bin im Moment der Einzige, der die Leute im Dorf versteht und der mit den Organisationen reden kann.» Regina antwortet nicht. Stattdessen sieht sie ihn traurig an. «Wir brauchen dich auch», sagt sie leise, «aber uns hörst du schon lange nicht mehr. Jetzt will ich gar nicht mehr, dass du mitkommst. Bleib du hier an deinem Schreibtisch und ich fahre jetzt allein zum Geburtstag.»

Erschöpft vom Erfolg

Sven Müller tanzt auf allen Hochzeiten gleichzeitig. Alle wollen etwas von ihm, und gerade das verführt ihn dazu, sich immer mehr zu engagieren. Erfolgreich im Job, sozial engagiert in der Freizeit, Familienvater mit zwei Kindern. Aber nun wird es zu viel. Nicht nur seine Frau beschwert sich, auch sein Körper streikt mittlerweile. Seit Wochen leidet er unter einem Druckgefühl in der Herzgegend und Schlafstörungen. Ganz abgesehen von seiner Antriebslosigkeit und der chronisch schlechten Laune, mit der er vor allem seiner Familie auf die Nerven fällt. Sven Müller merkt selbst, dass etwas nicht stimmt. Er ahnt, dass seine Symptome zu den ersten Warnsignalen eines Burn-Out-Syndroms gehören.

Nicht alles, was interessant ist, muss für Sie wichtig sein.

Vor allem Menschen wie Sven sind gefährdet, gerade diejenigen, die besonders hochtourig laufen. Wie kommt man aus so einer Spirale wieder heraus? Genau darum geht es in diesem Kapitel. Ich möchte Ihnen zeigen, wie Sie herausfinden können, was Ihnen gut tut, damit Sie den Burn-Out-Spieß wieder umdrehen können. Denn wenn Sie selbst entscheiden, welche Aufgaben wichtig und welche unwichtig sind, können Sie ruhig mal auf Hochtouren arbeiten. Das wird Ihnen nicht schaden. Wenn Sie aber wie Sven das Gefühl dafür verloren haben, was gut für Sie ist, wenn Sie sich wie ein Fähnchen im Wind von den Erwartungen anderer treiben lassen, dann gehören Sie schnell zur Burn-out-Risikogruppe. Der erste wichtige Schritt, um aus diesem Teufelskreis herauszutreten, ist, sich auf das zurückzubesinnen, was Ihnen wirklich wichtig ist.

Daher stelle ich Ihnen im nächsten Abschnitt zunächst eine Methode und dann ein Modell vor, mit dem Sie Ihre Work-Life-Balance, also die gesunde Balance zwischen Arbeits- und Lebensbereichen, überdenken und neu ordnen können.

Der 80. Geburtstag

Bei dieser Übung geht es darum, sich auf grundsätzliche Ideale und Lebenswerte zu besinnen.

Stellen Sie sich vor, heute wäre Ihr 80. Geburtstag. Eine schöne Feier findet statt und alle Freunde und Verwandte kommen Ihnen zu Ehren. Plötzlich steht einer Ihrer engsten Freunde auf und hält eine Rede. Sie freuen sich, dass Ihr Freund genau das betont, was Ihnen im Rückblick auf Ihr Leben das Wichtigste zu sein scheint.

Aber wovon berichtet nun Ihr bester Freund? Was genau wird er in seiner Rede erwähnen? Es könnten Erfolge im Job sein oder die Tatsache, dass Sie Ihre Kinder so gut erzogen haben. Vielleicht war das Zusammenleben mit Ihrer Frau oder Ihrem Mann besonders glücklich. Was auch immer es ist, halten Sie das, was Sie an Ihrem 80. Geburtstag gern in einer Festrede hören möchten, fest. Im Gedächtnis oder auf einem Blatt Papier. Diese Erkenntnis soll in Zukunft eine wichtige Leitlinie für wichtige Lebensentscheidungen sein.

Lebensziele helfen Ihnen, wichtige Prioritäten zu setzen.

Die Übung «80. Geburtstag» hilft Ihnen, sich mit eigenen Lebensvisionen zu beschäftigen. Damit meine ich kein selbst verordnetes Ziel, sondern viel mehr ein Bild von dem, was Sie in Ihrem Leben anstreben. Bei einer Lebensvision geht es darum, was für ein Mensch

Sie sein möchten und welche grundsätzlichen Ideale Sie verfolgen. Lebensvisionen können sich im Laufe der Jahre und mit zunehmender Lebenserfahrung ändern. Über eine Lebensvision muss man nicht permanent nachdenken. Wenn Sie jedoch in einer Umbruchsituation sind oder sich inmitten einer Lebenskrise befinden, dann kann es jetzt hilfreich für Sie sein, die eigene Lebensvision herauszufinden oder wieder neu zu entdecken.

Wenn Sie möchten, können Sie sich jetzt mit einer weiteren Übung zur Work-Life-Balance beschäftigen.

Werte weisen den Weg

Wenn ich Menschen berate, deren Work-Life-Balance aus den Fugen geraten ist, dann stelle ich ihnen das Vier-Säulen-Modell vor. Die Idee, die dahinter steckt, ist ganz einfach. Jeder Mensch hat vier unterschiedliche Lebensbereiche, die unterschiedliche Bedürfnisse und Ziele beinhalten. Das sind die Bereiche Leistung und Arbeit, Kontakt, Körper und Sinn. Im Bereich Leistung und Arbeit verbringen wir unsere Zeit mit beruflichen Angelegenheiten. Wie der Name schon sagt, steht hier unser Bedürfnis, etwas zu leisten und dafür Anerkennung zu bekommen, im Vordergrund. Der Lebensbereich Kontakt hingegen steht für die Zeit, die wir mit Freunden oder mit der Familie verbringen. Unser Bedürfnis nach Nähe und Austausch hat hier höchste Priorität, Leistung zu zeigen ist jetzt zweitrangig. Denn in der eigenen Familie oder mit Freunden will man ganz unabhängig von beruflichen Leistungen so angenommen werden, wie man ist. Im Bereich Körper stehen Bedürfnisse nach guter Ernährung, Bewegung, Schlaf und Erholung im Mittelpunkt. Und bei Sinn stellt man sich ganz grundsätzliche Lebensfragen. Woran man glaubt, wofür es sich lohnt zu leben oder worin der Sinn des Lebens bestehen könnte.

Schauen Sie sich die folgende Abbildung an. Bestimmt erkennen Sie Ihre eigenen Lebensbedürfnisse, und seien Sie noch so gegensätzlich, wieder.

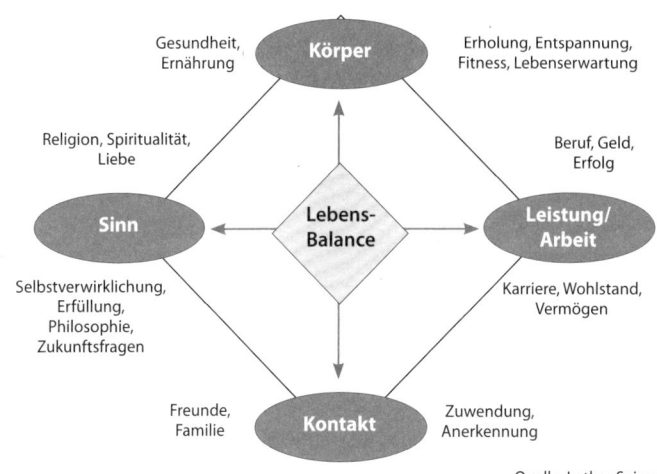

Work-Life-Balance-Modell

Gesundheit, Ernährung — **Körper** — Erholung, Entspannung, Fitness, Lebenserwartung

Religion, Spiritualität, Liebe — Beruf, Geld, Erfolg

Sinn — **Lebens-Balance** — **Leistung/Arbeit**

Selbstverwirklichung, Erfüllung, Philosophie, Zukunftsfragen — Karriere, Wohlstand, Vermögen

Freunde, Familie — **Kontakt** — Zuwendung, Anerkennung

Quelle: Lothar Seiwert

Abb. 6: Work-Life-Balance-Modell

Wenn Sven Müller überlegt, wie viel seiner Lebenszeit er in jedem einzelnen Bereich verbringt, so muss er feststellen, dass er derzeit fast ausschließlich im Bereich Leistung/Arbeit lebt. Seine Wochenarbeitszeit als Maschinenbauingenieur kostet ihn 45 Stunden Lebenszeit jede Woche. Dazu kommt am Wochenende und nach Feierabend das Engagement für das Bauprojekt in Afrika. Rein theoretisch könnte das Afrikaengagement auch in den Bereich Kontakt hineingehören. Doch für Sven ist sein eh-

Achten Sie darauf, nicht nur Zeit bei der Arbeit zu verbringen.

renamtliches Engagement mit hohen Leistungsansprüchen an seine eigene Person und mit einem großen Bedürfnis nach Anerkennung verbunden. Selbst als er letztes Jahr in Afrika beim Projekt vor Ort war, war er in seiner Funktion als Ingenieur dort. Somit wird er auch in seiner Freizeit von Leistungserwartungen bestimmt. Die Erfahrung, einfach nur so als Mensch Sven Müller, ohne jede Funktion oder Auszeichnung, behandelt zu werden, fehlt ihm völlig. Auch der Bereich Körper ist unterversorgt. Sven treibt aufgrund seiner hohen Arbeitsbelastung weder Sport, noch sorgt er für eine gesunde Ernährung. Kein Wunder, dass er nachts nicht schlafen kann. Er ist dann viel zu aufgedreht, die Gedanken kreisen im Bett in seinem Kopf herum. Die größten Fragezeichen treten im Lebensbereich Sinn auf. Eigentlich hat Sven immer gesagt, wie wichtig es für ihn ist, anderen Menschen zu helfen. Doch nun merkt er, dass seine Hilfsbereitschaft ihn auslaugt. Das Helfen macht ihm zwar immer noch Freude, doch es kostet auch Kraft. Und genau diese Kraft kann er nirgendwo mehr auftanken.

Andere Lebensbereiche sind wichtige Kraftquellen.

Svens Leben ist aus der Balance geraten. Er hat das Gefühl für das, was ihm wirklich gut tut und ihn auftanken lässt, verloren. Kein Mensch kann nur helfen und sich ständig engagieren. Es muss auch Momente geben, in denen man sich nur um sich selbst kümmert. Kein Wunder, dass sein Körper streikt. Er signalisiert deutlich, dass die Balance zwischen Arbeit und Freizeit, zwischen Geben und Nehmen, wieder neu hergestellt werden muss.

Im nächsten Abschnitt geht es darum, wie das geschehen kann.

Ein innerer Kompass

Sie können die vier Lebensbereiche des Work-Life-Balance-Modells als eine Art inneren Kompass benutzen. Dazu sollten Sie zunächst einmal aufschreiben, wie viel Lebenszeit Sie pro Woche in den einzelnen Lebensbereichen verbringen. Wenn Sie möchten, führen Sie ruhig ein paar Wochen Protokoll. Sie werden dann feststellen, dass die Bereiche nicht gleich verteilt sind. Weil ein normaler Acht-Stunden-Arbeitstag von Haus aus viel Lebenszeit verbraucht, wird der Bereich Leistung und Arbeit im Gegensatz zu den übrigen Bereichen immer am meisten Zeit beanspruchen. Der Bereich Sinn wird hingegen immer am wenigsten Lebenszeit verbrauchen. Trotzdem werden

Sie am Ende Ihrer Beobachtungsphase feststellen, ob die Verteilung Ihrer Lebenszeit auf die vier Bereiche stimmig ist oder nicht. Malen Sie jetzt, nachdem Sie einige Wochen Protokoll geführt haben, die vier Lebensbereiche wie in der Abbildung oben als Kreise auf und schreiben Sie Plus- und Minus-Zeichen hinein. Dort, wo ein großes Minus steht, sollten Sie mehr Lebenszeit investieren, dort, wo ein Plus steht, investieren Sie entweder zu viel oder es ist gerade passend. Das entscheiden Sie selbst.

Jetzt ist der Zeitpunkt gekommen, die Work-Life-Balance-Übung mit der Übung «80. Geburtstag» zu kombinieren.

Sven zum Beispiel hat festgestellt, dass seine Lebensvision darin besteht, viel Zeit mit seiner Familie zu verbringen und anderen Menschen zu helfen. Als er nach einigen Wochen Beobachtungszeit sein Work-Life-Balance-Modell betrachtet, stellt er fest, dass er zwar viel Zeit aufwendet, um anderen Menschen zu helfen, aber wenig Zeit für seine Familie übrig ist – und gar keine Zeit für ihn selbst. Nun besteht kein Zweifel mehr, dass er seine Lebensbereiche neu ins Lot bringen muss.

Egoist im eigenen Leben

Sven Müller hat lange gebraucht, um sein Leben umzustellen. Aber es hat sich gelohnt. Die Jugendarbeit bei den Pfadfindern hat er aufgegeben und sein ehrenamtliches Engagement für das Bauprojekt in Afrika ist bis auf Weiteres auf Eis gelegt. Für jemanden, der immer nur helfen möchte, war das ganz schön schwer. Um das, was ihm gut tut, durchzusetzen, musste Sven lernen, Nein zu sagen. Ohne den Glauben daran, dass dieses Nein-Sagen ihm letztendlich gut tut, hätte er es nicht geschafft, neue Prioritäten zu setzen. Nur weil das Ziel, seine Vision, so klar und deutlich vor ihm lag, ist ihm diese Schwerstarbeit gelungen. Da war es dann leicht, die Steinschleuder des Nein-Sagens zu benutzen.

Was Sie können, ist wichtiger als das, was Sie nicht können

Stellen Sie sich vor, Sie gehen im Supermarkt einkaufen und stehen vor dem Kühlregal, um Margarine zu kaufen. Sie halten die Packung in der Hand und lesen die Produktbeschreibung: «Hoher Fettanteil» steht da zu lesen und «Achtung! Dieses Produkt enthält viele chemische Zusatzstoffe». Würden Sie sie kaufen? Natürlich nicht, die Beschreibung klingt gar nicht verheißungsvoll. Oder Sie machen eine Reise nach Rom. Während der Stadtrundfahrt zeigt der Reiseführer Ihnen die dreckigsten Ecken der Stadt. Könnten Sie Ihren Rom-Trip dann noch genießen? Wohl kaum. Oder Sie fahren mit dem ICE von Hamburg nach München. In Berlin müssen Sie umsteigen und haben dafür lediglich ein Zeitfenster von fünf Minuten zur Verfügung. Angenommen, der Zugführer kündigt die aktuelle Verspätung des Zuges alle drei Minuten über Lautsprecher an. Wie nervös sind Sie schon nach einer Stunde, obwohl der Zug die Verspätung am Ende spielend aufholen wird?

Es ist eben schwer, an einen positiven Ausgang zu glauben, wenn man nur an das Schlimmste denkt. Auch wenn die Sorgen noch so berechtigt sind.

Daher handelt dieses Kapitel davon, wie Sie an sich und Ihre Stärken glauben können, wenn alles droht schiefzugehen. So geht es Daniela gerade. Die 31-jährige Bürokauffrau hatte sich große Hoffnungen gemacht, dass ihr befristeter Job verlängert werden würde. Stattdessen hat sie gerade von ihrer Kündigung erfahren.

Mit dem Rücken zur Wand

Am Sonntagnachmittag weiht Daniela endlich ihre Familie ein. Mit ihrem Freund Markus und ihren Eltern sitzt sie bei Kaffee und Kuchen und berichtet von der Kündigung. «Kein Wunder, bei der schlechten Wirtschaftslage», kommentiert ihr Vater mit todernster Miene. Die Mutter schlägt besorgt die Hände vors Gesicht. «Mein

Gott, Daniela! Und das ausgerechnet jetzt, wo ihr die Eigentumswohnung gekauft habt.» Daniela schaut Markus kurz von der Seite an. Mit diesem Kommentar hatte sie wortwörtlich gerechnet. «Ich werde schon was finden, Mutti», entgegnet sie betont lässig. Doch jetzt kommt ihre Mutter erst richtig in Fahrt: «Am besten schaust du gleich morgen in die Zeitung, damit du bloß keine Zeit verlierst.» «Genau», unterbricht der Vater, «das Wichtigste ist, dass du auf keinen Fall arbeitslos wirst. Heutzutage ist man ja ruck, zuck auf Hartz IV.» «Aber Papa», versucht Daniela gegenzusteuern, «jetzt dramatisier mal nicht. Schließlich habe ich eine solide Ausbildung. Ich werde schon was finden.» «Da täusch dich mal nicht», greift ihre Mutter ein, «die Bettina von nebenan sucht auch schon seit einem Jahr vergeblich. Und die hatte doch damals eine gute Ausbildung bei der Behörde gemacht.» Jetzt mischt sich Markus ein: «Lasst uns mal optimistisch bleiben, noch ist Daniela ja in Lohn und Brot. Sie wird schon was Neues finden.» Doch die Mutter scheint gar nicht mehr zuzuhören. «Bei Aldi suchen sie laufend Kassiererinnen, vielleicht solltest du gleich morgen mal anrufen.» «Aber Mutter!», ruft Daniela entrüstet, «ich geh doch jetzt nicht an die Kasse!» «Das ist auch ehrliche Arbeit, in der Not muss man eben nehmen, was man kriegen kann.» Daniela schaut Markus verzweifelt an, ihr fehlen die Worte. Und was noch schlimmer ist, sie weiß nichts mehr zu entgegnen. Ihre Stimmung ist nun endgültig auf dem Nullpunkt angekommen.

Stärken Sie sich durch zuversichtliche Gedanken.

Den Schalter umlegen

Eigentlich war Daniela gar nicht so deprimiert. Aber das Gespräch mit den Eltern hat ihre Stimmung kippen lassen. Momentan glaubt sie selbst nicht daran, etwas Vernünftiges zu finden.

Oft sind es nur Sekunden, die darüber entscheiden, ob wir positiv oder negativ mit einer Situation umgehen. Die Reaktionen anderer spielen dabei eine große Rolle. Doch wenn sie will, kann Daniela den Schalter durchaus wieder auf Zuversicht zurückstellen. Damit ihr das gelingt, muss sie die Kraft ihrer eigenen positiven Gedanken nutzen. Wenn sie gerade jetzt an das denkt, was sie gut kann, wenn sie gerade jetzt an ihre beruflichen Stärken denkt, wird ihre Psyche ganz automatisch mit positiven Gefühlen reagieren. Denkt sie jedoch daran, was jetzt alles misslingen kann und was sie nicht kann, wird ihre Psyche mit Hoffnungslosigkeit reagieren. Natürlich können Sie aus einer Phase der Arbeitslosigkeit keine Glücksphase machen, aber Sie können die Höhen und Tiefen mit steuern. Vor allem können Sie dadurch verhindern, dass die Tiefen endlos andauern.

Im folgenden Abschnitt möchte ich Ihnen daher eine Übung zeigen, die Ihnen hilft, neue Kraft zu finden, wenn alles aussichtslos scheint. Denn nur wer weiß, was er kann, fühlt sich stark. Und nur wer sich stark fühlt, kann andere von seinen Fähigkeiten überzeugen.

Ein Rucksack voller Stärken

Es ist ganz normal, sich schlecht zu fühlen, wenn man seinen Job verloren hat. Man denkt an das, was man falsch gemacht hat, was nicht gut funktioniert hat, wofür man kritisiert wurde. Und ganz automatisch traut man sich noch weniger zu. Eine schlechte Ausgangsbasis für die neue Jobsuche.

Steuern Sie dem entgegen, indem Sie sich gerade jetzt bewusstmachen, was Sie in Ihrem Job alles geleistet haben. Die Übung «Stärken stärken» hilft Ihnen dabei.

Nehmen Sie sich ein bis zwei Stunden Zeit, in denen Sie ungestört sind. Suchen Sie sich in Ihrer Wohnung einen Raum, in dem Sie viel Platz haben. Bevor es losgeht, sollten Sie sich in einem Papierwaren-Geschäft bunte Moderations- oder Karteikarten besorgen. Nun stellen Sie sich in die Mitte des Raumes und denken sich eine Zeitlinie, die sämtliche berufliche Stationen umfasst, die Sie bisher durchlaufen haben. Daniela zum Beispiel war bisher bei drei Firmen angestellt: bei ihrem Ausbildungsbetrieb, anschließend bei einem

Bildungsunternehmen und die letzten zwei Jahre in der Sachbearbeitung eines IT-Dienstleisters. Sie legt drei rote Moderationskarten auf die gedachte Zeitlinie von 1994 bis 2009. Eine Karte steht für die Ausbildungsfirma, eine für das Bildungsunternehmen und eine für die IT-Firma. Auf jede Karte schreibt sie den Namen der Firma. Nun nimmt sie eine Karte nach der anderen und überlegt sich für jede einzelne Station ihres Werdegangs, was sie dort geleistet hat.

Nehmen Sie sich dazu ausreichend Zeit. Versuchen Sie, für jede Firma, bei der Sie gearbeitet haben, mindestens fünf Stärken zu finden. Vielleicht waren Sie besonders zuverlässig oder haben eine bestimmte Aufgabe erfolgreich erledigt. Oder Sie kamen mit den Kollegen besonders gut zurecht. Was es auch ist – fachlich oder persönlich – schreiben Sie die Fähigkeit oder Stärke als Stichwort auf die bunte Moderationskarte. Es kann sein, dass es Ihnen zu Beginn der Übung schwerfällt, an die eigenen Stärken zu denken. Lassen Sie nicht locker. Sollte Ihnen beim besten Willen nichts einfallen, fragen Sie Freunde oder Kollegen. Ich habe die Erfahrung gemacht, dass es gerade am Anfang einen Moment dauern kann, bis man sich daran gewöhnt, nur an die eigenen Stärken zu denken. Wenn Sie jedoch im Fluss sind, werden Sie merken, wie viel Spaß diese Übung bereiten kann. Am Ende haben Sie für jede berufliche Station einen Strauß voller Stärken gefunden. Kleben Sie alle entsprechenden Karten auf eine große Leinwand oder einfach auf Ihre Tapete. Genießen Sie den Anblick, solange Sie möchten. Genießen Sie, wie schön es ist, wenn Sie alle Stärken auf einmal vor Augen haben. Wenn Sie möchten, machen Sie ein Foto und legen Ihr Kompetenz-Profil zu den Vorbereitungen für Ihre nächsten Bewerbungsunterlagen. Die Stichwortkarten sind eine gute Grundlage für kommende Bewerbungsanschreiben und Bewerbungsgespräche.

Machen Sie sich klar, was Sie bisher geleistet haben.

Natürlich sind Ihnen im Laufe der Übung auch viele Schwächen und Misserfolge eingefallen. Schreiben Sie die jetzt bitte nicht auf. Sie wollen den Schalter ja in Richtung Zuversicht umschalten. Das

Zurückschalten in Richtung Sorge findet irgendwann sowieso statt, ganz automatisch. Spätestens beim nächsten Treffen mit Freunden oder Verwandten, die besorgt nachfragen, was Ihre Jobsuche so macht.

Auf den Punkt gebracht

Die Übung «Stärken stärken» hat Ihnen bestimmt Kraft und Zuversicht gegeben. Wenn Sie sich jetzt noch weiter stärken möchten, sollten Sie anschließend den 2-Minuten-Spot üben.

Schauen Sie sich dazu ihre Stärken-Leinwand an. Lassen Sie Ihren Werdegang auf sich wirken und versuchen Sie nun, eine positive Erfolgsgeschichte zu Ihrem eigenen Berufsleben zu erzählen. Sie soll nicht länger als zwei Minuten dauern. Diese Zeitbegrenzung hilft Ihnen, sich nicht in Nebensächlichkeiten zu verzetteln, sondern auf den Punkt zu kommen. Stellen Sie nun eine Eieruhr oder einen Wecker auf zwei Minuten und reden Sie los. Wenn Sie möchten, können Sie den 2-Minuten-Spot auch aufnehmen und sich später anhören.

Sie werden sehen, dass die ausschließliche Konzentration auf eigene Erfolge Ihnen gut tut und gute Laune produziert. Ich rate meinen Kunden, den 2-Minuten-Spot kurz vor einem Bewerbungsgespräch anzuwenden. So sind Sie inhaltlich optimal vorbereitet und versetzen sich automatisch in die richtige mentale Stimmung.

Gestärkt in den Tag

Übrigens – die Übung «Stärken stärken» und der 2-Minuten-Spot sind nicht nur nützlich, wenn Sie sich gerade bewerben. Sich an die eigenen Stärken zu erinnern hilft auch vor schwierigen Gesprächen mit dem Chef oder mit einem Kollegen. Schauen Sie sich einfach die Stichworte auf den Moderationskarten an und erinnern Sie sich daran, wie viel Sie in Ihrem Leben schon geleistet haben.

Sich der eigenen Stärken bewusst zu werden, hilft auch, wenn Sie einen anstrengenden Arbeitstag endlich zu Ende bringen möchten.

Schreiben Sie einfach drei Dinge auf, die Ihnen heute besonders gut gelungen sind. So sorgen Sie dafür, gut gelaunt in den Feierabend zu gehen.

Was der andere nicht braucht, müssen Sie nicht weiter anbieten

«Du, Wolfgang, hast du die Stellenanzeige vom Möbelhaus Schmidt gesehen?» Tanja hat die Zeitung beiseite gelegt und schaut ihren Mann fragend an. «Hmm», brummt der wenig interessiert zurück. «Die suchen auf den 1. April einen Sachbearbeiter für die Lohnbuchhaltung.» Ihre Stimme klingt nun fordernd. «Das wär' doch was für dich. Oder was meinst du?» «Kann sein», nuschelt Wolfgang und liest weiter den Sportteil. Eine Weile herrscht Schweigen am Frühstückstisch. «Wolfgang, hallo…?» Tanja lehnt sich über den Tisch und zieht ihm die Zeitung weg. «Du kannst das nicht ewig ignorieren. Du bist arbeitslos und musst dich mehr um deine Bewerbungen kümmern, sonst wird das nie was.» Wütend sieht sie ihn an. Wolfgang antwortet nicht. Stattdessen knallt er den Rest der Zeitung auf den Tisch und lehnt sich mit verschränkten Armen zurück. «Ich kümmere mich schon. Aber wenn du immer so einen Stress machst, hab ich gar keine Lust mehr dazu.» «Aber Wolfgang», ruft Tanja empört, «es geht doch nicht um Lust haben oder nicht Lust haben. Werde endlich erwachsen und kümmere dich um deine Angelegenheiten.» «Das musst du gerade sagen», kontert Wolfgang, «kümmere dich doch selbst um deine Angelegenheiten. Anstatt von morgens bis abends rumzunörgeln, könntest du mich besser in Ruhe lassen. Ich hätte mich schon längst gekümmert, wenn du nicht so einen Stress machen würdest.»

Tanja meint es nur gut. Sie will Wolfgang doch nur helfen. Doch sie hilft ihm zu viel, und mittlerweile fühlt sich Wolfgang von ihr bedrängt. Umgekehrt ist es genauso. Wolfgang möchte seine Sache, die Jobsuche, zwar gut machen, aber nicht, wenn Tanja ihn so unter

Druck setzt. Nur deswegen reagiert er trotzig. Leider kommt er so mit seinen Bewerbungen nicht weiter.

«Was der andere nicht braucht, müssen Sie nicht weiter anbieten», heißt dieses Kapitel, in dem ich Ihnen zeigen möchte, wie Sie ein festgefahrenes Verhaltensmuster aufgeben können, wenn es nicht mehr funktioniert. Auch wenn Sie im Recht sind. Denn Wolfgang Unterstützung anbieten zu wollen ist ja richtig, auch wenn er sie nicht annehmen möchte. Warum es besser ist, das zu akzeptieren, als dagegen zu kämpfen, davon handelt der nächste Abschnitt.

Hilfe im Überfluss

Immer dann, wenn jemand Hilfe braucht, ist ein anderer in der Nähe, der Unterstützung anbietet. Dieses uralte und sinnvolle Prinzip des Gebens und Nehmens funktioniert in jeder Partnerschaft. Ich nenne es das Balance-Prinzip. Meistens stellt sich in einer Beziehung recht früh heraus, wer welche Rolle übernimmt: die des Gebenden oder die des Nehmenden, die des Starken oder des Schwachen, des Streitsuchenden oder des Harmoniebedürftigen. Sind die Rollen dann verteilt, darf jeder zunächst so bleiben, wie er ist, mit all seinen Schwächen, ohne die Nachteile des durchaus einseitigen Verhaltens wirklich in Kauf nehmen zu müssen. Denn die bügelt ja der andere wieder aus. Jemand, der zu schüchtern ist, Fremde anzusprechen, hat dann den anderen, der ihm die lästige Kontaktaufnahme abnimmt. Wie praktisch. Bis die Balance aus den Fugen gerät und die Vorteile ins Gegenteil umschlagen.

Stellen Sie sich vor, der Schüchterne wird plötzlich kontaktfreudiger und braucht keine Hilfe mehr, um mit Menschen ins Gespräch zu kommen. Sein Verhalten hat sich geändert. Das wirkt sich auf die Partnerschaft aus. Um die Balance aufrechtzuerhalten, muss der andere nun, ob er will oder nicht, ebenfalls sein Verhalten ändern. Der Schweizer Psychologe Christoph Thomann sagt, dass Paare in solchen Momenten häufig in Krisen geraten. Er behauptet, dass beide ihr Rollenverhalten verändern müssen, damit die Partnerschaft eine Chance hat, die Krise zu überstehen.

Soweit zur Theorie. Praktisch bedeutet das für Tanja, dass sie aufhören muss, sich um Wolfgangs Jobsuche zu kümmern. Das ist leichter gesagt als getan. Denn die Hilfsbereitschaft gehört ja zu Tanjas wichtigsten Charaktereigenschaften. Die kann sie schließlich nicht wie einen Lichtschalter einfach ausknipsen. Wie Sie es trotzdem schaffen können, sich mehr zurückzunehmen, lesen Sie im nächsten Abschnitt.

Macht der Gewohnheit

Kein Mensch verändert sich gern. Am liebsten möchten wir, dass alles so bleibt, wie es ist. Sollten wir doch unsere Komfortzone notgedrungen verlassen müssen, dann nur dann, wenn es nicht anders geht. Zum Beispiel wenn hoher Leidensdruck besteht.

Tanja leidet. Die ewigen Streitereien mit Wolfgang um die Jobsuche zermürben sie. Wenn beide, wie vorhin am Frühstückstisch, sich nur noch angiften, dann weiß sie, dass ihre Beziehung auf dem Spiel steht. Aber wo soll sie anfangen? Wie sieht der erste Schritt aus?

Die Antwort ist naheliegender, als Sie denken. Wenn Tanja und Wolfgang sich wie Nordpol und Südpol verhalten, wenn also einer immer drängelt und treibt und der andere immer passiver und regloser dabei wird, braucht man die Vorzeichen eigentlich nur umzutauschen. Tanja wird passiver und erhöht dadurch die Chancen, dass Wolfgang wieder aktiver wird, vorausgesetzt natürlich, er ist wirklich daran interessiert, einen neuen Job zu finden.

Folgendes Beispiel zeigt noch deutlicher, worum es geht:

Bäumchen, wechsel dich

Jutta ist verzweifelt: Ihr Sohn Tim besucht die 12. Klasse des Gymnasiums und hat gerade erfahren, dass er die Zulassung zum Abitur wahrscheinlich nicht erhalten wird. In ihrer Sorge redet sie ihrem

Sohn gut zu. Immer wieder ermahnt sie ihn, sich mehr anzustrengen, vor den Klausuren ordentlich zu lernen und sich im Unterricht aktiver zu beteiligen. Aus Angst, er könne es nicht schaffen, bietet sie ihm sogar teuren Nachhilfeunterricht an. Vergeblich. Tims Leistungen werden von Woche zu Woche schlechter. Wenn Jutta am späten Nachmittag nach Hause kommt, sieht die Küche aus wie ein Schlachtfeld, aus Tims Zimmer dröhnt laute Musik und ihr Sohn sitzt seelenruhig vor seinem PC und spielt Computerspiele. «Jetzt mach mal das Ding aus und fang endlich an zu lernen», ruft sie dann verärgert durch die Zimmertür. Vergeblich. Tim lernt von Tag zu Tag weniger für die Schule.

Eines Tages ändert Jutta ihr Verhalten. Von nun an fragt sie ihn gar nicht mehr, ob er gelernt hat. Wenn sie am späten Nachmittag von der Arbeit kommt und Tim vor dem PC sieht, geht sie zu seiner Zimmertür, ruft kurz «Hallo» und macht die Tür dann von außen zu. Es dauert nicht lange, da fragt Tim seine Mutter: «Was ist los mit dir? Bist du jetzt sauer auf mich, weil ich nicht genug lerne, oder warum interessierst du dich nicht mehr für meine Schule?» «Ich bin nicht sauer auf dich. Aber ich habe eingesehen, dass du selbst wissen musst, ob du das Abitur machen möchtest oder nicht. Ich kann dir dabei nicht helfen. Und damit ich mich nicht mehr ärgere, wenn ich dich bei deinen Baller-Spielen sehe, mache ich deine Zimmertür lieber zu. Aber du musst dir keine Sorgen machen. Wenn ich erst den richtigen Abstand gewonnen habe und die Schulangelegenheiten komplett dir überlassen kann, lass ich die Zimmertür auch wieder auf.»

Keine zwei Wochen später hat Tim die erste gute Klausur geschrieben. Jetzt, wo der Druck weg ist, kann er sich endlich selbst entscheiden, ob er das Abitur machen möchte oder nicht. Er hat sich dafür entschieden und natürlich weiß er selbst ganz genau, dass er sich dann auch anstrengen muss. Jutta und Tim haben ihre alten Plätze im Verhaltens-Karussell verlassen und können jetzt neu aufeinander zugehen.

Vom anderen lernen

Es war ganz einfach: Jutta hat sich von ihrem Sohn abgeguckt, was sie machen soll. Sie hat erkannt, dass hinter seiner angeblichen Ignoranz eine gute Portion Gelassenheit steckt. Genauso kann Tanja auch vorgehen. Sie kann von Wolfgang lernen, die Ruhe zu bewahren und ihn einfach machen zu lassen.

Tanja sollte den Mut haben, sich mit Ratschlägen zurückzuhalten. Wie beim David-Geheimnis geht es nun darum, ihre Stärke, jemanden zu unterstützen, auch als Schwäche zu sehen. Wenn sie sich mit ihrer Hilfsbereitschaft zurückhält, kann sie vielleicht erkennen, dass Wolfgang aktiver ist, als sie denkt. Wolfgang hat dann eine Chance, sich endlich eigenverantwortlich seinem Problem zu stellen und es selbst zu lösen.

Überraschungseffekt

Als Tanja nach Hause kommt, liegt Wolfgangs Bewerbungsmappe auf dem Küchentisch. In der vorangegangenen Woche hatten sie darüber gestritten, dass Wolfgang immer noch keinen kompletten Lebenslauf geschrieben hatte. Nun will er ihr offensichtlich zeigen, dass er sich anstrengt. Als Tanja vier Stunden später immer noch nichts zum Lebenslauf sagt, hakt Wolfgang nach: «Du sagst ja gar nichts. Ich habe den Lebenslauf geschrieben.» «Das hab ich gesehen», antwortet Tanja. Sie lächelt ihn an. «Und?» Wolfgang sieht sie erwartungsvoll an. «Das ist schön», sagt sie, «soll ich ihn durchlesen?» Nun ist Wolfgang völlig verwirrt: «Was ist denn jetzt mit dir los? Erst nörgelst du die ganze Zeit, weil ich nichts tue, und dann ignorierst du mich. Dir kann man es auch nie recht machen.» Verärgert schiebt er die Bewerbungsmappe zur Seite. Doch Tanja lässt sich auf keinen Konflikt ein: «Ich will gar nicht, dass du es mir recht machst. In letzter Zeit hatten wir oft Streit wegen deiner Jobsuche. Ich habe gemerkt, dass ich viel falsch gemacht habe. Es war falsch, dich unter Druck zu setzen. Du bist erwachsen, du kannst dich selbst um deine Jobsuche kümmern. Wenn ich mich da immer wieder einmische, bist du am Ende nur von mir genervt.» «Aha…», Wolfgang schweigt einen Moment, bevor er erwidert: «Dann lässt du mich jetzt also hängen…». «Aber nein», ruft Tanja, ich helfe dir gern, aber ich will dir meine Hilfe nicht aufdrängen. Warum machen wir es in Zukunft nicht so, dass du mich um Hilfe bittest, wenn du sie benötigst?» Wolfgang sieht sie schweigend und zweifelnd an. Tanjas Verhalten ist so ungewohnt. «Wenn du meinst», antwortet er. «Du bist so anders. Das ist komisch. Aber vielleicht hast du recht. Wahrscheinlich ist es für uns beide besser, wenn ich erst mal allein weitermache.»

Vier Wochen später hat sich die Stimmung zwischen Tanja und Wolfgang wieder entspannt. Der neue Job ist zwar immer noch nicht in Sicht, beide haben jedoch erkannt, dass Wolfgang sich selbst um die Jobsuche kümmern muss.

Der Rollentausch hat beiden gut getan. Auch wenn es anfangs ungewohnt und anstrengend war, das eigene Verhalten zu ändern. Es hat sich gelohnt. Vielleicht ist es in einer Beziehung so wie im Theater: Immer die gleiche Rolle zu spielen ist auf Dauer einfach zu langweilig.

5. Sieg –

Wie Sie am Ende doch noch gewinnen

Wie aus Fehlern wertvolle Erfahrungen werden

«… glauben Sie mir, es war eine sehr knappe Entscheidung, aber am Ende haben wir uns für einen anderen Bewerber entschieden…» Jörg Baumann hatte bereits geahnt, dass der Personaler ihm absagen würde. Das Bewerbungsgespräch verlief gar nicht in seinem Sinne. Trotzdem ist es enttäuschend, das Nein nun tatsächlich zu hören. Einige Minuten und etliche bemühte Floskeln später ist das Telefonat mit dem Personalleiter der Veltas Versicherung beendet.

Jörg sieht zum Fenster hinaus. Ein flaues Gefühl macht sich in seiner Magengegend breit. «Ich bin einfach nicht gut genug», schießt es dem ehemaligen Bereichsleiter Vertrieb durch den Kopf. Unten auf der Straße sieht er, wie die Müllmänner die Müllsäcke abholen. Hinter dem Müllwagen wartet eine lange Schlange von Autos. Die Fahrer sind gestresst und genervt, denn sie müssen zur Arbeit. Ihr verzweifeltes Hupen ist völlig zwecklos. Die Müllmänner werden sich davon nicht aus der Ruhe bringen lassen und genau in dem Rhythmus weiterarbeiten, der ihnen in den Kram passt. Wie gerne würde er mit dem gestressten Autofahrer da unten tauschen, aber Jörg hat momentan keinen Job, zu dem er sich «stauen» darf. Und was das Schlimmste ist, er ist selbst daran schuld. «Wäre ich nicht so schlecht vorbereitet gewesen, hätte ich die kniffligen Fragen besser beantworten können.» Unruhig wandert Jörg im Wohnzimmer hin und her. «Stattdessen hab ich mich nur darauf verlassen, einen guten ersten Eindruck zu hinterlassen», gesteht er sich selbstkritisch ein.

«Mich gut darstellen, das kann ich», in den letzten Gesprächen war ihm das immer sehr gut gelungen. Auf diesen Lorbeeren hatte sich Jörg leider ausgeruht.

Ein unverzeihlicher Fehler. Denn der Job bei Veltas war wie für ihn gemacht. Und ausgerechnet dort lässt sich keiner von seinem Glanz beeindrucken! Stattdessen hatte der Personaler genau an den kritischen Punkten in seinem Lebenslauf nachgebohrt. Jörg geriet mehrmals ins Stottern, das war wohl das Aus.

«Ich sollte mir mal eine Auszeit nehmen», denkt Jörg. Und im nächsten Moment: «Bei der jetzigen Arbeitsmarktlage wäre das Wahnsinn.» Erschöpft lässt er sich in den Sessel sinken. «Am besten nehme ich jetzt den erstbesten Job an», versucht er sich zu beruhigen, «dann kann ich wenigstens wieder ruhig schlafen.»

Die letzten 10 Prozent geben

Eigentlich läuft Jörgs Bewerbungsphase gar nicht so schlecht. Die vielen Einladungen zum Bewerbungsgespräch zeigen ihm, dass er gute Chancen hat. Es dürfte nur eine Frage der Zeit sein, bis ihm jemand zusagt. Aber ausgerechnet da verlässt ihn der Mut. Plötzlich möchte Jörg nur eins: den Albtraum Jobsuche beenden und einfach irgendwo anfangen. Damit Ruhe ist.

Das ist menschlich. Irgendetwas ist schlecht gelaufen, und nun möchte man aufgeben, weil das Weitermachen so sinnlos erscheint. Dabei ist es oft nur noch eine kurze Strecke bis zum Sieg. Ein kleines Stück, das einem noch einmal alles abverlangt. Was jetzt so viel Kraft kostet, ist nicht dieses letzte Stück Weg, das es zurückzulegen gilt, sondern was Kraft kostet, ist das Eingeständnis, etwas falsch gemacht zu haben und daraus zu lernen.

Champions-League-Endspiel 1999, Bayern München spielt gegen Manchester United. Die ganze Saison über hatten die Bayern stark gespielt. Und nun dürfen sie sich nach 23 Jahren auf den Pokal freuen – so scheint es zunächst. Das Spiel beginnt wie erwartet stark, recht schnell steht es 1:0 für die Bayern. Doch dann, in der letzten

Spielminute, sind die Beinahe-Sieger plötzlich zu siegessicher und werden unaufmerksam. Dieser Fehler rächt sich sofort, Manchester United erzielt den Ausgleich. Wie erstarrt sind die siegessicheren Bayern. Wie gelähmt müssen sie zusehen, wie das 2:1 fällt.

Wie mögen sich die Spieler auf dem Feld nach dem 1:1 gefühlt haben? Ich vermute, sie hatten keine Kraft mehr, die letzten 10 Prozent zu geben. Sonst hätten sie das zweite Tor verhindert, sie hatten ja bereits bewiesen, dass sie die stärkere Mannschaft waren.

Woran liegt das? Und was kann man dagegen tun? Darüber mehr im nächsten Abschnitt.

Wenn das Fühlen die Richtung ändert

Ohne Fehler würde die Menschheit sich nicht weiterentwickeln – und schon gar nicht unser Gehirn. Einer der bekanntesten Hirnforscher im deutschsprachigen Raum, Prof. Dr. Gerald Hüther von der Universität Bremen, behauptet, dass unser Gehirn von Grund auf faul ist. Am liebsten würden wir gar nichts tun. Aus dieser schläfrigen Bequemlichkeit reißt uns ein Fehler, denn nun muss das Gehirn sich richtig anstrengen, um eine neue Lösung zu finden.

Kurz vorm Ziel brauchen Sie besonders viel Kraft.

Dazu braucht es neue Energie. Aber wie bewegt man ein träges Gehirn dazu, sich doch noch anzustrengen? Richtig, man schickt ihm unangenehme Gefühle, damit es sich, bildlich gesprochen, vom warmen Ofen des Nichtstuns wegbewegt. Die quälende Unzufriedenheit ist genau das, was wir brauchen, um aktiv zu werden und unsere kuschelige Komfortzone zu verlassen. Nichts anderes ist Jörg Baumann passiert: Er ärgert sich maßlos über seinen Fehler, er ist unzufrieden, er tobt durch die Wohnung und ist frustriert. All diese unangenehmen Gefühle signalisieren ihm: «Wach auf! Ändere etwas! Streng dich an!» Diese negativen Gefühle wollen aber nicht sagen: «Gib auf! Lass es sein! Such dir den nächstbesten Job!»

Es liegt nur an uns, trotz negativer Gefühle weiterzumachen. Und nicht nur das – jetzt kommt es darauf an, die negativen Gefühle wieder in positive Gefühle umzuwandeln. Dazu benötigen Sie eine große Portion Willenskraft.

Ich möchte Ihnen nun eine bewährte Technik vorstellen, mit der Sie die eigenen unangenehmen Gefühle verändern können. Die Technik heißt Refraiming. Dahinter steckt die Idee, dass alles zwei Seiten hat, eine positive und eine negative.

Oder anders ausgedrückt: Jede Schwäche und jeder Fehler sind zu irgendetwas gut, Sie müssen es nur entdecken.

Unzufriedenheit können Sie in positive Energie verwandeln.

Hier ein einfaches Beispiel:

Jemand, der sich ständig über alles beschwert, hat die positive Eigenschaft, kritisch zu sein.

Jemand, der zum Lernen zu faul ist, kann auch entspannen und das Nichtstun genießen.

Jemand, der seine Schlüssel immer vergisst, konzentriert sich auf andere, wesentlichere Dinge.

Jemand, der schüchtern ist, lässt sich Zeit, jemanden kennenzulernen, und lässt sich nicht auf jeden ein. Jemand wie Jörg Baumann, der sich den Luxus erlaubt, unvorbereitet in ein Bewerbungsgespräch zu gehen, ist selbstbewusst genug, seine persönliche Ausstrahlung auszuspielen. Letztendlich geht es darum, zu entscheiden, ob das Glas halb voll ist oder halb leer. Refraiming bedeutet nicht, sich alles schönzureden. Refraiming bedeutet, der Situation einen neuen, positiven Rahmen zu geben und sich so aus einer zu lange dauernden Unzufriedenheit herauszuholen, die einem alle Kraft raubt.

Probieren Sie es aus! Überlegen Sie, welche Fehler Ihnen in letzter Zeit passiert sind, und werten Sie sie nach dem Refraiming-Prinzip aus.

Die Technik des Reframings hilft Ihnen, einem eigentlich schlechten Ereignis ein positives Gefühl abzugewinnen. Trotzdem bleibt ein Fehler ein Fehler, der nicht wiederholt werden sollte. Aber die Wendung zu einem positiven Gefühl gibt Ihnen die Energie, Ihren Willen auf einen neuen Weg zu schicken.

Dieser Fehler ist mir leider passiert …	Dieser Fehler war gut, denn …	Was ich aus diesem Fehler lernen möchte …
Ich habe meinen Kollegen beschimpft.	Ich traue mich, meine Meinung zu sagen.	Kritik üben, ohne beleidigend zu werden.
Ich lasse meinen Ärger immer an meiner Familie aus.	Mein Zuhause ist ein Ort, wo man auch Unangenehmes loswerden kann.	Ich sollte in Zukunft darauf achten, ihnen auch mal was Nettes zu erzählen, damit sie sich nicht als Sorgen-Ablade-platz missbraucht fühlen.
Ich lästere oft über meine Kolleginnen.	Wenn mich etwas ärgert, möchte ich auch darüber reden.	Ich sollte in Zukunft darauf achten, meinen Ärger direkt zu adressieren, sonst kann sich ja auch nichts ändern.
Ihr Fehler …	Das Positive daran …	Die Lösung …

Wie Sie dabei Ihr Ziel im Auge behalten, davon handelt der nächste Abschnitt. «Wer etwas falsch macht, verliert wertvolle, Zeit» behaupten viele und hören auf schlechte Ratgeber. Ich behaupte, dass Umwege zu mehr Erfolg führen. Gerade weil etwas missglückt ist, macht man wertvolle Erfahrungen, die einem sonst entgangen wären.

Umwege verbessern die Ortskenntniss und Fehler werden wertvolle Erfahrungen.

Wichtig ist, dass Sie Ihr Ziel nicht aus den Augen verlieren, damit Sie entscheiden können, welcher Weg oder Umweg jetzt der richtige ist.

Achten Sie darauf, dass Sie …
– den Fehler akzeptieren.
– den Fehler positiv bewerten, um neue Kraft zu tanken.
– sich Ihr Ziel wieder vor Augen führen.
– aus dem Fehler lernen und einen neuen Weg finden, der wieder zum alten Ziel führt.

Jörg Baumann hat seinen Fehler folgendermaßen ausgewertet:

- Ich habe mich nicht auf die Fragen im Vorstellungsgespräch vorbereitet.
- Das zeigt mir, dass ich genügend Selbstbewusstsein habe, mich dank meiner persönlichen Ausstrahlung von meiner besten Seite zu zeigen.
- Nach wie vor suche ich einen Job, in dem ich eigenverantwortlich und selbstständig entscheiden kann.
- Dass ich das kann, muss ich im Vorstellungsgespräch beweisen – mit Ausstrahlung und mit Argumenten. Die Argumente habe ich leider nicht vorbereitet.

Ein halbes Jahr später hat Jörg es geschafft. Bei einem großen Versicherungsunternehmen konnte er die Bereichsleitung übernehmen. Mit den Gehaltsverhandlungen ist er zwar noch nicht ganz zufrieden, mit der Aufgabe, die nun auf ihn wartet, aber sehr. Wie schon in früheren Gesprächen war er argumentativ exzellent vorbereitet. Allerdings hatte er sich zuvor eine längere Auszeit genommen. Seine Pleite bei der Veltas hatte ihn nachdenklich gestimmt. Ihm war aufgefallen, dass er viel zu erschöpft war, um sich überzeugend zu bewerben. Ein dreimonatiger Auslandaufenthalt in einem sozialen Projekt gab ihm die Kraft, die er so dringend nötig hatte. Ohne sein Scheitern im Bewerbungsgespräch bei der Veltas wäre er nicht ins Grübeln gekommen. Und im Nachhinein ist er sich sicher: Er hätte sich niemals getraut, mitten in der Bewerbungsphase auszusteigen.

Dieser Umweg hat ihn persönlich um eine Erfahrung bereichert.

Warum Unterschiede Teams noch erfolgreicher machen

Dieses Kapitel habe ich für die Führungskräfte unter den Leserinnen und Lesern geschrieben. Ich möchte Ihnen zeigen, wie Sie ein gutes Team noch erfolgreicher machen, indem Sie jeder Mitarbeiterin und jedem Mitarbeiter – neben der fachlichen Aufgabe – die richtige Teamrolle zuweisen. Nur dann, wenn der Mitarbeiter diesen Platz im Team einnehmen darf, wenn also alle Plätze richtig verteilt sind, wird das Team erfolgreich arbeiten. Es wird demnach zunächst darum gehen, welche unterschiedlichen Rollen es in jedem Team überhaupt gibt.

Diejenigen unter Ihnen, die selbst keine Chefs sind, aber einen haben, sollten trotzdem weiterlesen. Denn in diesem Kapitel geht es auch darum, sich Ihrem Chef von der richtigen Seite zu präsentieren – damit Sie im Team so eingesetzt werden, wie es Ihren Stärken entspricht.

Gleich und gleich gesellt sich ungern

«So langsam verstehe ich wirklich nicht mehr, was in meinem Team los ist», stöhnt Raimund Schwan, als er mit seinem Kollegen Bernd Voss mittags in der Kantine Platz nimmt. Die beiden Teamleiter einer Bank sind befreundet und haben sich lange nicht gesehen. Es gibt viel zu erzählen, leider nichts Positives. Raimund erzählt weiter: «Jetzt, wo wir die neuen Profit-Center haben, ist alles viel schwieriger geworden.» «Was meinst du damit?», fragt Bernd, «was läuft denn bei dir im Team falsch?» «Ich weiß nicht», beginnt Raimund, «eigentlich müssten die Aufgaben längst klar sein. Wir haben ja alles schon hundertmal besprochen. Aber in letzter Zeit kriegen sich meine Mitarbeiter wegen jeder Kleinigkeit in die Wolle.» «Hmm», antwortet Bernd und legt sein Besteck nachdenklich zur Seite, «hast du dein Team denn schon richtig zusammengestellt?» Raimund schaut den Freund fragend an: «Zusammengestellt? Die sind mir doch so, wie sie sind, zugewiesen worden. Was soll ich denn da noch zusammenstellen?» «Hast du mit deinen Mitarbeitern kein Teambuilding gemacht und die Teamrollen festgelegt?» Jetzt ist Raimund völlig ratlos. «Teambuildung? Teamrollen? Was ist das denn?»

Das fragt sich der Teamleiter zu Recht. Denn das Teambuilding wird oft vernachlässigt, wenn – gerade bei Umstrukturierungen – neue Teams zusammengestellt werden. Die Bank, in der die beiden arbeiten, hat gerade neue Profit-Center eingerichtet, in denen Vertrieb, Kundenberatung und Kreditfachleute plötzlich zusammenarbeiten. Die Fachaufgaben sind da noch am einfachsten festzulegen. Doch dann wird es schwieriger. Die Mitarbeiter sollen sich eng abstimmen, damit die Produkte noch besser verkauft werden. Immer dann, wenn Menschen miteinander sprechen sollen, spielt neben der Sachebene auch die Beziehungsebene eine große Rolle. Wie die Teammitglieder sich menschlich begegnen, wird plötzlich ganz wichtig, sonst klappt die Abstimmung nicht. Ein Team, das nicht nur fachlich, sondern auch menschlich gut zusammenarbeiten soll, muss neben der Fachaufgabe die Teamrollen kennen. Am besten wird zusätzlich zur Verteilung der Arbeitsaufgaben ein Teamentwicklungs- oder auch Teambildungs-Prozess gestartet. Eigentlich ist das wie früher in der Schule, in der man eben nicht nur Schüler der 5., 6. oder 7. Klasse war, sondern vielleicht zugleich Klassensprecher oder Klassenclown oder Klassenstreber. Idealerweise steuert der Vorgesetzte diesen Teambildungsprozess. Nur dann kann er mit schwierigen Situationen, wie Raimund Schwan sie gerade erlebt, gezielt umgehen.

Unsere einzige Gemeinsamkeit ist, dass wir komplett unterschiedlich sind.

Aber wie sieht denn so eine Teamrolle aus und wie legt man sie im Team fest? Darüber möchte ich im nächsten Abschnitt berichten.

Von Aufgaben und Rollen

Der Mensch ist seit Urzeiten ein Herdentier. So verwundert es kaum, dass sich immer dann, wenn mehrere Menschen aufeinandertreffen, ohne besonderes Zutun eine Gruppe mit Gruppenleitung und einer entsprechenden Gruppendynamik herausbildet. Recht schnell versuchen dann die Einzelnen innerhalb der Gruppe die bestimmte Rolle einzunehmen, die ihrer Persönlichkeit und ihren Zielen entgegenkommt. Der Hamburger Teamspezialist Prof. Dr. Claus Nowak und der amerikanische Psychologe Meredith Belbin haben bei der Beobachtung unzähliger Jobteams festgestellt, dass ganz bestimmte Rollen immer wieder auftauchen. Die folgende Abbildung beschreibt die Teamrollen nach Belbin und Nowak.

Ein Team, das seine Teamrollen kennt, arbeitet schneller und leistungsfähiger

Typische Team-Rollen

Der Leiter	leitet und führt den Teamprozess und den Arbeitsauftrag; kommuniziert in alle Richtungen; ist ansprechbar; gibt seinen Mitarbeitern eindeutiges positives oder negatives Feedback.
Der Teamarbeiter	sorgt für eine gute Teamstimmung; kümmert sich um die Kollegen, vermeidet dadurch Konflikte; integriert Außenseiter.
Der Vernetzer	hält den Kontakt zu anderen Teams aufrecht; trägt wichtige Informationen ins Team.
Der Umsetzer	vertritt gern die Leitung; nimmt ihr Aufgaben ab und sorgt für die konkrete Umsetzung von Teamzielen und -ideen.
Der Ideengeber	bringt neue Ideen ein; regt wichtige Veränderungen an.
Der Detailarbeiter	arbeitet perfekt und genau; übernimmt die Detailarbeit.

Raimund Schwarz führt nun mit jedem Mitarbeiter ein Einzelgespräch, um herauszufinden, wo die Teamstärken eines jeden von ihnen liegen. Er möchte vor allem wissen, welche Aufgaben jemand besonders gern übernimmt und welche Erfahrungen aus anderen Teams vorhanden sind.

Raimund erklärt jedem, dass ihm ein gutes Teamklima am Herzen liegt. Er betont, dass bei der Aufgabenverteilung in Zukunft die Teamstärken eines jeden berücksichtigt werden.

Es dauert nicht lange, und Raimund Schwarz hat zum ersten Mal die Gelegenheit, die Teamstärken bei der Aufgabenverteilung zu berücksichtigen. Als jemand gesucht wird, der die Bank bei der beruflichen Orientierungswoche eines Gymnasiums vorstellen soll, spricht er den Vernetzer an. Der ist sofort begeistert. Raimund Schwarz und der Rest des Teams auch, denn früher wurde zu dieser Aufgabe reihum jemand verdonnert.

Jeder Mitarbeiter hat neben seiner Aufgabe eine bestimmte Rolle im Team, die er automatisch einnimmt.

Aufgabenverteilung nach Maß

Mit den Teamrollen im Hinterkopf können Sie eine Aufgabenverteilung vornehmen, die die Teamstärken der Mitarbeiter mit einbezieht.

– Die Stabsabteilung Organisation setzt ein Projekt «Qualitätsmanagement Customer Service» an. Überlegen Sie, ob das nicht der Vernetzer übernehmen kann, derjenige, der sowieso gerne mit anderen Mitarbeitern und Teams arbeitet.

– In Ihrem Team muss eine neue Software eingeführt werden. Innerhalb von sechs Wochen muss zusätzliche Arbeit geleistet werden.
Überlegen Sie, ob das nicht etwas für den Umsetzer und den Detailarbeiter ist.

– Schon seit Wochen vermuten Sie, dass im Team ein Konflikt schwelt. Wenn Sie Beteiligte darauf ansprechen, hüllen sich alle in Schweigen.
Überlegen Sie, ob Sie nicht den Teamarbeiter fragen, was los ist – der weiß bestimmt über die Stimmung im Team Bescheid.

– Sie fahren zum ersten Mal nach vier Jahren sechs Wochen am Stück mit Ihrer Familie in den Urlaub.

Wer könnte Ihre Stellvertretung übernehmen? Richtig, der Umsetzer, der macht das sowieso schon.

– Die Verkaufszahlen stagnieren seit Längerem, Ihr Vorgesetzter macht Druck und Sie brauchen neue Ideen, wie man die Kunden mal ganz anders ansprechen kann.

Wen fragen Sie? Richtig – den kreativen Ideengeber.

Nicht immer sind die Rollen im Team so ideal verteilt wie hier beschrieben. Manchmal gibt es mehrere Leiter und keinen Detailarbeiter. Dann entsteht viel Konkurrenz und die Arbeit bleibt liegen. Oder es gibt viele kreative Ideengeber, aber keine Umsetzer. Dann entstehen Chaos und Frustration, weil die Ideen zu schnell verpuffen.

Wichtig bei der Verteilung von Teamrollen ist nicht die Idealbesetzung, sondern die Erkenntnis, welche Rollen schlecht oder gar nicht besetzt sind. Denn dann wissen Sie schneller als vorher, wie Sie gegensteuern können und inwiefern Sie selbst eine (weitere) Rolle übernehmen müssen. Viele Führungskräfte fördern keinen Teamarbeiter – oder haben keinen. Dann müssen Sie selbst ausgleichend wirken und das Ohr an die Seele des Teams halten. Zum Abschluss ein Tipp zum optimalen Einsatz Ihrer Teamrolle.

Darauf sollten Sie achten, wenn Sie selbst Mitarbeiter sind

Damit Sie Ihr Potenzial optimal entfalten können, sollten Sie überlegen, welche Rolle Sie – neben Ihrer Fachkompetenz – im Team besonders gern übernehmen. Sprechen Sie mit Ihrem Vorgesetzten darüber, wie er Sie als Persönlichkeit am besten einsetzen kann. Auch wenn Ihr Chef keinen Zugang zur Idee der Teamrollen und des Teambuilding hat, sollten Sie ihm klarmachen, dass er davon profitiert, wenn er Sie nicht nur nach fachlichen, sondern auch nach persönlichen Stärken einsetzt.

Denn Unterschiede und Stärken zu fördern stärkt nicht nur den Zusammenhalt in der Gruppe, es stärkt auch Ihr Persönlichkeitsprofil und Ihr Selbstbewusstsein.

So kann der David die David-Aufgaben übernehmen und sich mutig dem Feind entgegenwerfen. Der Goliath schüchtert mit furchterregenden Drohgebärden den Feind ein. Und der König überlegt, welchen von beiden er aus taktischen Gründen als Erstes ins Feld ziehen lässt.

Wenn aus Selbstachtung Hochachtung wird

Wenn ich an Selbstachtung denke, erinnere ich mich immer an eine bestimmte Begebenheit aus meiner Kindheit. Ich war sechs oder sieben Jahre alt, als wir eines Tages das städtische Hallenbad besuchten. Wir freuten uns auf das Schwimmbadvergnügen und waren besonders ausgelassen. Unmittelbar vor dem Eingang zum Hallenbad, gleich neben dem Stadttheater, saß ein blinder Bettler auf der Straße. Für uns Kinder ein befremdliches Bild. Angestachelt durch unseren kindlichen Übermut fühlten wir uns sofort aufgefordert, dem Mann einen Streich zu spielen. Vielleicht war er ja gar nicht richtig blind, sondern tat nur so? Um das zu testen, legten wir ihm statt einer Geldmünze einen Knopf in den Hut. Er konnte ja nichts sehen. Und falls doch, würden wir spätestens jetzt feststellen, ob er seine Blindheit nur vortäuschte. Mit demütigem Nicken bedankte er sich für den Knopf. In diesem Moment zog sich alles in mir zusammen. Wir hatten uns schlecht benommen, das wurde mir in diesem Moment schlagartig bewusst. Den Hallenbadbesuch konnte ich jetzt nicht mehr genießen. Das Bild des Bettlers, der sich für einen schäbigen Knopf bedankt, ließ mich nicht mehr los. Und als wir zwei Stunden später das Hallenbad wieder verließen, legte ich dem blinden Bettler ein Markstück in den Hut. Erst in diesem Moment konnte ich innerlich wieder aufatmen. Ich hatte meine Selbstachtung wiedergewonnen.

Heute wie damals gilt: Es gibt Situationen, da handelt man aus

Prinzip. Die Reaktion des anderen ist zweitrangig. Stattdessen kommt es darauf an, durch sein Verhalten die eigenen Werte zu vertreten und somit die Achtung vor sich selbst zu bewahren. Dem Bettler war es schließlich in dem Moment egal, ob ich einen Knopf oder ein Markstück in den Hut legte. Aber mir selbst konnte es nicht gleichgültig sein. Ich wollte abends noch in den Spiegel sehen können. Nicht für den Bettler legte ich etwas in den Hut, sondern für meine Selbstachtung.

Genau darum soll es hier gehen: Wie die Selbstachtung Ihnen hilft, eine schwierige Situation zu meistern. Denn nur dann, wenn Sie sich selbst achten, werden Sie auch von anderen geachtet. Wenn also aus Selbstachtung Hochachtung wird, entstehen oft unvermutet Lösungen für Konflikte.

Claudia Kühn hat so einen scheinbar unlösbaren Konflikt mit ihrem Chef. Das Schlimmste daran ist, dass sie glaubt, nicht darüber sprechen zu dürfen. Vor allem deswegen ist ihr Selbstwertgefühl mittlerweile am Boden.

Kühner Prozess

Heute ist ein guter Arbeitstag, denn Claudia Kühn kommt gut voran. Die 29-jährige Fachreferentin bereitet die Jahrestagung für ihren Chef vor. Gerade vor einer Stunde hat sie ihm gemeinsam mit ihrer Kollegin Sarah die Agenda vorgestellt. Sie ist heilfroh, dass er nichts zu beanstanden hatte. Da klingelt das Telefon, Manfred Spieß, ihr Chef, ist am Apparat: «Frau Kühn, mir ist noch was eingefallen. Die Frau Koch, wie kommt die denn so mit den Aufgaben zurecht? Ich meine, Sie erleben sie doch im Moment tagtäglich. Kann man der solche Aufgaben schon allein überlassen?» Innerhalb von Sekunden ist Claudias Stimmung auf dem Tiefpunkt angelangt. Jetzt will er sie schon wieder aushorchen, warum fragt er Sarah nicht mal direkt? «Was soll ich dazu sagen, Herr Spieß?», druckst sie herum, «ich halte von Sarah sehr viel, aber so richtig beurteilen kann ich das doch auch nicht.» «Ich weiß, ich weiß», schiebt Herr Spieß schnell ein, «aber trotzdem, nur mal so als groben Eindruck, würden Sie ihr das zutrauen? Die Agenda allein zu erstellen?» Nicht zum ersten Mal sitzt Claudia richtig in der Klemme. Einerseits ist sie mit Sarahs Arbeit tatsächlich unzufrieden, andererseits will sie der Kollegin nicht in den Rücken fallen. Und drittens muss sie ihrem Chef jetzt irgendeine Antwort geben. «Also, vielleicht wäre es ganz gut, wenn wir das noch einmal zusammen machen. Sie ist ja noch neu, das eine oder andere müsste sie vielleicht wirklich noch lernen.» «Das hab ich mir gedacht», freut sich Herr Spieß am anderen Ende der Leitung, «Sie meinen also auch, dass Frau Koch noch einiges lernen muss, bevor man ihr mehr Verantwortung übertragen kann?» «Nein», versucht Claudia jetzt zurückzurudern, «so meine ich das nicht. Ich meine, sie ist total kompetent…» «Frau Kühn, Sie haben mir sehr weitergeholfen, wir sehen uns heute Nachmittag im Meeting.» Herr Spieß hat schon aufgelegt, als Claudia noch wie gelähmt am Schreibtisch sitzt und aus dem Fenster starrt. «Jetzt hab ich die Kollegin richtig reingerissen», denkt sie verzweifelt, «immer wieder schafft er es, mir Sätze zu entlocken, die ich eigentlich gar nicht sagen will. Ich fühle mich wie ein Kollegen-Schwein.»

Solidarität mit sich selbst

Claudia fühlt sich ausgehorcht. Schon häufiger wollte Herr Spieß wissen, wie sich die Kollegin so macht. «Wie komme ich dazu, Sarah zu beurteilen?», denkt Claudia verärgert. Aber gleichzeitig fühlt sie sich verpflichtet, ihrem Chef zu antworten, wenn er sie fragt. Eine verfahrene Situation, die Claudia mittlerweile richtig an die Nieren geht.

Dabei ist Claudias Reaktion aus psychologischer Sicht völlig folgerichtig. Im Moment handelt sie ja nach Werten und Prinzipien, die sie eigentlich ablehnt. Wer zum Beispiel gerne pünktlich ist und mit einem Partner zusammenlebt, der immer zu spät kommt, fühlt sich unwohl in seiner Haut. Sie wollen ja pünktlich sein. Oder wenn Sie mit Freunden verreisen, die sich lauthals im Restaurant über die Einheimischen lustig machen, während Sie die Kulturen anderer Länder wertschätzen und respektieren, dann möchten Sie wahrscheinlich auch am liebsten im Erdboden versinken.

Werthaltungen und Handlungen müssen zusammenpassen, damit wir uns wohl fühlen. Geschieht das über einen längeren Zeitraum nicht, geraten wir in einen schweren inneren Konflikt. Wie belastend das sein kann, sehen Sie an Claudias Selbstvorwürfen. Sie denkt, sie sei ein Kollegen-Schwein. Nur deswegen, weil sie sich – gemessen an ihrem inneren Wertesystem – logischerweise selbst ablehnen muss, nur deswegen verliert sie die Achtung vor sich selbst.

In Claudias Situation hat man nur zwei Möglichkeiten, den inneren Konflikt zu lösen: Entweder ändert man sein Wertesystem oder sein Verhalten. Ich habe in vielen Beratungen erlebt, welche negativen Konsequenzen es nach sich zieht, wenn ein

Die Ich-Botschaft hilft Ihnen, Kritik souverän zu formulieren.

solcher Konflikt ungelöst bleibt. Viele leiden jahrelang oder werden krank, bevor sie sich entschließen, das Problem an der Wurzel zu packen. Die eigenen Werte können in einer Konfliktsituation ein wichtiger Wegweiser sein, um den Ausweg zu finden.

Für Claudia steht jedenfalls fest, dass ihre Solidarität mit der Kollegin richtig ist. Soll Herr Spieß ihr doch selbst sagen, was ihm nicht passt. Also muss sie ihr Verhalten ändern. Und so schwer es ihr auch fallen wird, sie wird ihren Chef kritisieren müssen. Das ist sie vor allem sich selbst schuldig.

Aller guten Dinge sind drei

Um es gleich vorwegzunehmen: Claudia Kühn stehen zwei Techniken zur Verfügung, um mit dem Chef ein gutes Ge-

Die eigenen Werte sagen Ihnen, wie Sie sich richtig verhalten.

spräch zu führen. Sie könnte entweder Ich-Botschaften benutzen oder das Drei-Stufen-Feedback. Das Drei-Stufen-Feedback hat den Vorteil, dass es auch die positiven Aspekte der Zusammenarbeit hervorhebt. Die Ich-Botschaft konzentriert sich dagegen mehr auf das Anliegen der betreffenden Person, also in diesem

Fall von Claudia Kühn. Schwer zu entscheiden, was jetzt besser ist. Grundsätzlich sollte man darauf achten, welche Botschaft beim Gegenüber ankommen soll. Wenn Sie ungeschminkt, aber konstruktiv Ihre Meinung oder Kritik äußern möchten, dann wählen Sie lieber die Ich-Botschaft. Möchten Sie eine ausgewogene Kritik äußern, die die Person als Ganzes, mit ihren Stärken und Schwächen, würdigt, dann rate ich Ihnen, das Drei-Stufen-Feedback anzuwenden.

Claudia hat sich für die Ich-Botschaft entschieden. Sie will eine ganz klare und eindeutige Botschaft geradeheraus vermitteln und auf keinen Fall um den heißen Brei herumreden.

Den Spieß umdrehen

An einem warmen Herbstnachmittag trifft Claudia im Konferenzraum auf ihren Chef. Erwartungsvoll schaut Herr Spieß sie an: «Und? Ich bin gespannt, um was es geht, Frau Kühn.» Kerzengerade sitzt sie vor ihm und trägt vor, was sie schon x-mal zuvor hergebetet hat: «Es geht um die Zusammenarbeit mit Ihnen und Frau Koch. Es gibt da einen Punkt, der mir immer wieder Schwierigkeiten bereitet.» Claudia holt tief Luft, bevor sie fortfährt: «Zum Beispiel vorgestern, da hatten wir ja gerade die Agenda durchgesprochen. Sie riefen mich später wegen Frau Koch an.» Claudia sieht ihrem Chef mitten ins Gesicht. Fragend schaut er zurück. Claudia senkt die Stimme: «Sie wollten von mir eine Einschätzung der Arbeitsleistung von Frau Koch», jetzt verstummt Claudia und sieht ihren Chef an. Ob er jetzt schon begreift, was sie sagen will? «Ich verstehe immer noch nicht, worum es geht.» Claudia muss tief Luft holen, um weiterreden zu können. «Herr Spieß, ich möchte mich zu den Arbeitsleistungen von Frau Koch nicht äußern.» «Warum nicht?» Herr Spieß lehnt sich zurück und verschränkt die Arme vor der Brust, «ich verstehe nicht, warum Sie damit Probleme haben. Gerade Sie kennen sie doch am besten.» In Claudias Kopf bricht langsam Panik aus. Das Gespräch nimmt eine Richtung, die ihr gar nicht gefällt. Offensichtlich muss sie ganz

Sagen Sie lieber die Wahrheit, wenn es um Ihre Werte geht.

deutlich werden, damit Herr Spieß sie versteht. Oder zurückrudern und so tun, als sei gar nichts Schlimmes gewesen. «Nein», denkt sie bei sich, «ich zieh das jetzt durch.» Sie sagt: «Herr Spieß, bitte versetzen Sie sich in meine Lage. Frau Koch und ich sind Kolleginnen und Sie sind unser Vorgesetzter. Als Kollegin möchte ich mich nicht dazu äußern, ob Frau Koch gut oder schlecht arbeitet. Als Kollegin möchte ich ihr gegenüber loyal und aufrichtig sein. Ich habe gar nichts dagegen, über die Zusammenarbeit mit Frau Koch zu reden, aber nicht hinter ihrem Rücken. Mich irritiert die ganze Situation, mich belastet das so sehr, dass ich nachts nicht mehr schlafen kann. Ich möchte Sie bitten, solche Gespräche in Zukunft direkt mit Frau Koch zu führen.» Noch deutlicher kann sie eigentlich nicht werden. Die Betroffenheit ist Herrn Spieß anzusehen. «Frau Kühn», bringt er zögernd heraus, «es tut mir leid zu hören, dass Sie unter der Situation leiden, das war mir nicht bewusst.»

Gerade die letzten Sätze zeigen, wie deutlich Claudia ihre zentralen Kritikpunkte formuliert hat: ihren Wunsch, Herr Spieß möge seine Rolle als Vorgesetzter strikt einhalten (drittes «W» der Ich-Botschaft), und dass sie unter der momentanen Situation sehr leidet (zweites «W» der Ich-Botschaft). Claudia ist mit dem Verlauf des Gesprächs sehr zufrieden. Jetzt kann sie endlich entscheiden, wie es mit ihrem Job weitergeht, ob sie geht oder bleibt. In jedem Fall hat sie alles getan, um dem Ganzen doch noch eine positive Wendung zu geben. Wie Herr Spieß reagieren wird, ist ihr mittlerweile gleichgültig, sie hat ihren Part des Konflikts erledigt.

Umso erstaunter ist Claudia, als ihr Chef eine Woche später auf sie zukommt und das Gespräch fortsetzen möchte. Sprachlos ist sie, als er sich sogar bei ihr entschuldigt. Ihm sei nicht klar gewesen, was seine Nachfragen auslösen. Er habe damit nur ausdrücken wollen, wie sehr er Claudias Meinung wertschätzt und dass er ihr als Mitarbeiterin sehr vertraut. Jetzt sei ihm klar geworden, dass das so nicht geht. Als Mitarbeiterin möchte er Claudia auf keinen Fall verlieren und für ihre offene und mutige Art sei er ihr sehr dankbar.

Von allen geachtet

Es hätte auch schiefgehen können. Vielleicht hätte sich ihr Chef beleidigt gezeigt und sich durch ständige Schikanen für Claudias Offenheit revanchiert. Doch auch eine negative Reaktion hätte ihr weitergeholfen. Sie hätte ihr deutlich gezeigt, dass eine weitere Zusammenarbeit problematisch ist. So oder so, Claudia konnte nur gewinnen. Ihr Mut wurde belohnt und hat ihr die Hochachtung ihres Vorgesetzten und des ganzen Teams eingebracht.

Was es bewirkt, wenn Sie an Ihre Ziele glauben

Carmen telefoniert noch, als ihr Mann vorsichtig die Tür zu ihrem Büro öffnet. Mit flehendem, aber stummem Blick bittet sie ihn, noch einen Moment zu warten. Ebenfalls wortlos tippt er fordernd auf das Ziffernblatt seiner Armbanduhr. Es ist schon 19.00 Uhr, ein Freitagabend, und Carmen kann sich mal wieder nicht von ihrem Schreibtisch lösen. Klar, als freiberufliche Trainerin und Dozentin muss man häufig längere Vorbereitungszeiten in Kauf nehmen, aber bei Carmen sind lange Arbeitszeiten Dauerzustand.

Eine Stunde später sitzen Carmen und Michael beim Essen, die Stimmung ist angespannt. «Du hast mir versprochen, freitagabends nicht mehr so lange zu arbeiten», mahnt Michael und verzieht das Gesicht. «Wenn ich eben nicht zur Tür reingeschaut hätte, säßest du immer noch da. Ich versteh das nicht, Carmen. Wir haben das doch alles schon tausendmal besprochen. Warum änderst du nichts?» Zerknirscht rührt Carmen in ihrer Suppe. Sie weiß genau, dass ihr Mann recht hat. «Ich weiß. Aber wenn ich dann mittendrin bin, hab ich den Druck, alles fertig zu bekommen. Dieses Gefühl, es unbedingt perfekt vorzubereiten, lässt mich nicht los.» «Deine Selbsterkenntnis in allen Ehren», antwortet Michael und schiebt seinen leeren Teller zur Seite, «aber irgendwann habe ich keine Lust mehr, auf dich zu warten. Darauf zu warten, dass du mal Zeit für mich hast.»

Ist das nicht komisch, da weiß jemand genau, dass er sich dringend ändern muss, da steht die Beziehung schon auf dem Spiel, und trotzdem ist es so schwer, die guten Vorsätze umzusetzen.

Meiner Meinung nach ist das völlig normal. Jeder, der etwas Wichtiges in seinem Leben verändern möchte, ist zwischen alter schlechter Gewohnheit und neuem positiven Vorsatz hin- und hergerissen.

Das kennen Sie bestimmt: Sie wollen aufhören zu rauchen und fangen immer wieder an. Sie wollen mehr Sport machen. Ihr Arzt hat Ihnen sogar dringend geraten, sich mehr zu bewegen – und trotzdem bleiben Sie auf dem Sofa sitzen und können Ihren inneren Schweinehund nicht überwinden. Oder: Sie haben sich vorgenommen, im Job häufiger Nein zu sagen – wenn der Kollege fordernd vor Ihnen steht, sagen Sie doch wieder Ja.

Gute Vorsätze bringen noch keine Veränderung.

Veränderungen konsequent umzusetzen ist schwer, und die vernünftige Erkenntnis, dass man den Vorsatz umgehend umsetzen muss, nutzt meist gar nichts.

Hirnforscher wissen warum. Unser Bewusstsein funktioniert nämlich recht selten nach rationalen Prinzipien. Und wenn es um Verhaltensänderung geht, schon gar nicht. Auf was Sie stattdessen achten müssen, erfahren Sie im nächsten Abschnitt.

Am bequemsten ist es, wenn alles so bleibt, wie es ist

Das Gehirn an sich ist träge und bequem. So lange wie möglich versucht es, äußerst energiesparend zu arbeiten. Da Veränderungen immer Energie kosten, muss das Gehirn überredet werden, diese unangenehme Anstrengung auf sich zu nehmen. Es muss angesichts einer Veränderung einen positiven Nutzen erkennen. Nur wenn klar ist, dass es sich anschließend wohler fühlt als vorher, nur dann ist es bereit, den beschwerlichen Weg der Veränderung auf sich zu nehmen.

Stellen Sie sich vor, Sie sind Rechtshänder und brechen sich bei einem Sportunfall das rechte Handgelenk. Nun können Sie etliche gewohnte Handgriffe im Haushalt nicht mehr selbst erledigen. Wenn

Sie jemanden finden, der Ihnen nun sämtliche Handgriffe der rechten Hand abnimmt, wird Ihr Gehirn von allein nicht auf die Idee kommen, die neuronalen Verknüpfungen für die Linkshändigkeit zu aktivieren. Warum auch? Es besteht keine Notwendigkeit. Selbst wenn Sie nun, vom Sofa aus, Ihrem Gehirn gut zureden würden: «Liebes Gehirn, das wäre doch jetzt eine einmalige Chance, ungenutzte Kapazitäten zu trainieren. Aktivier mal alle Nervenbahnen für die motorische Fitness der linken Hand.» Ihr Gehirn wird auf diesen vernünftigen Vorsatz nicht reagieren. Wenn Sie nun aber allein zu Hause leben und alle Handgriffe im Haushalt mit links erledigt werden müssen, dann sollen Sie mal sehen, wie schnell Ihr Gehirn umdenken kann. Zwar müssen Sie sich am Anfang enorm auf jeden Handgriff konzentrieren, aber dann, ganz plötzlich, wenn die ersten Bewegungen automatisiert sind, ist es eigentlich ganz einfach.

Neue Gewohnheiten zu erlernen kostet Kraft und Geduld.

Genauso ist es auch mit allen anderen Veränderungen. Die alten automatisierten Prozesse geben wir nur dann auf, wenn unser Bewusstsein das neue Ziel attraktiv findet und eine Verbesserung erkennen kann. Jetzt kommen unsere Gefühle ins Spiel, denn unser Gehirn wird sich schneller verändern, wenn es am Ende mit positiven Gefühlen für diese Anstrengung belohnt wird.

Lust auf Veränderung

Auch Carmen möchte sich verändern. Sie spürt ganz deutlich, dass sie mehr Freizeit braucht. Dieses Bedürfnis so deutlich zu spüren ist neu für sie. Früher ging es immer nur um eines, um die Anerkennung im Job. Das soll anders werden. Carmen möchte mehr entspannen und genießen.

Behalten Sie Ihr positives Ziel im Auge.

Nichts einfacher als das. Sie muss doch nur früher Feierabend machen, und schon kann sie das Bedürfnis nach Freizeit befriedigen, oder? Leider funktioniert das nicht. Irgendetwas hält Carmen am Freitagabend im

Büro fest. Richtig, es ist ihr Bedürfnis nach Anerkennung. Beide Bedürfnisse konkurrieren nämlich miteinander. Das alte, gewohnte Verhaltensmuster rund um das Bedürfnis nach Anerkennung sieht folgendermaßen aus:

Wenn ich viel arbeite, bekomme ich viel Anerkennung, und dann fühle ich mich gut, weil ich gelobt werde. Dieses alte Verhaltensmuster ist fest im Gehirn verankert, wie die Rechtshändigkeit. Dagegen steht das Bedürfnis nach Entspannung mit leeren Händen da, wie die ungeübte Linkshändigkeit. Das Gehirn weiß ja noch nicht, welche positiven Gefühle und Konsequenzen mit dem neuen Verhalten verknüpft sind. Unser Nervensystem hat für dieses Verhalten noch keine Erfahrung parat, auf die es zurückgreifen kann.

Genau deswegen kommt Carmen nicht weiter. Ihr Gehirn weigert sich, das neue Verhalten auszuprobieren. Es weiß schließlich noch nicht, auf was es sich da einlässt. Da nützt es nichts, dass ihr Mann ihr gut zuredet oder ihr mit negativen Konsequenzen droht. Noch weniger hilfreich sind Argumente. Um den Veränderungswunsch wirklich in die Tat umzusetzen, muss ein positives Gefühl her, eines, das mit dem positiven Gefühl der Anerkennung konkurrieren kann.

An dieser Stelle können Sie als veränderungswilliger Mensch Ihr Gehirn überlisten und durch einen Trick zur Mitarbeit bei der Erreichung des Ziels motivieren. Sie müssen Ihr Ziel mit positiven Gefühlen und Bildern verankern, erst dann ist es motiviert, das neue Verhalten gegen das alte auszutauschen.

Die Zukunft ist rosa

Unser Gehirn kann in einigen Bereichen nicht zwischen Vorstellung und Realität unterscheiden. Diesen Irrtum können Sie ausnutzen, indem Sie sich Ihr Ziel ganz genau vorstellen und in hellen Farben malen. Wenn Sie allein durch Ihre Vorstellungskraft ein positives Gefühl zum Ziel entwickeln, dann ersetzt dieses positive Bild die fehlende positive Erfahrung. Nun ist es für Ihr Gehirn leichter, das neue, noch ungeübte Verhalten anzunehmen.

Ich möchte Ihnen nun erklären, wie Sie ein Ziel, das in Ihrem Bewusstsein noch nicht mit positiven Erfahrungen verankert ist, mit positiven Gefühlen belegen.

1. Schritt:

Suchen Sie sich einen ruhigen Raum, in dem Sie eine halbe Stunde lang ungestört sind. Sorgen Sie dafür, dass Sie weder durch ein Telefon noch durch unerwarteten Besuch gestört werden. Setzen Sie sich auf einen bequemen Stuhl oder legen Sie sich auf den Teppich. Schließen Sie die Augen und atmen Sie eine Weile ruhig ein und aus. Achten Sie nur auf Ihren Atem und versetzen Sie sich in einen ruhigen, entspannten Zustand.

Stellen Sie sich nun Ihre Vision, Ihr Ziel vor. Carmen zum Beispiel denkt jetzt daran, wie sie mit ihrem Mann einen entspannten Abend beim Essen verbringt. Sie stellt sich ganz genau vor, wie sich beide gegenübersitzen, wie sie lacht, wie sie miteinander reden, wie wohl sie sich fühlt. Was auch immer Sie sich vorstellen, malen Sie es wie ein Bild in den schönsten Farben aus. Wenn Sie möchten, stellen Sie sich Gerüche und Geräusche vor. Ihre Vorstellung sollte wie ein Lieblingsfilm sein, den Sie sich immer wieder anschauen können. Legen Sie nach einigen Minuten ein Ende fest und drücken Sie die imaginäre Stopp-Taste.

Spüren Sie nach, in welchen Teilen Ihres Körpers Sie dieses angenehme Gefühl am deutlichsten spüren. Merken Sie sich diesen Ort in Ihrem Körper. Atmen Sie noch eine Weile ruhig ein und aus und kehren Sie irgendwann in die Realität zurück.

Um sicherzugehen, dass Sie nicht in Trance sind, sagen Sie einmal laut Ihren Namen. Spätestens dann sind Sie wieder sicher im Hier und Jetzt angekommen.

2. Schritt

Speichern Sie das angenehme Gefühl in Ihrem Innern ab und versuchen Sie nun, dafür ein passendes Foto oder Bild zu finden. Sie können es entweder sofort im Anschluss an Ihre Traumreise malen, oder Sie schneiden in der Zeitung ein passendes Foto für das schöne Gefühl aus, oder Sie kaufen sich eine Postkarte. Manche Menschen suchen sich lieber ein Symbol, vielleicht einen schönen Stein oder eine Muschel.

Was immer es auch ist, dieses Symbol oder Bild soll Sie von nun an an Ihr positives Ziel erinnern. Schauen Sie sich dieses Symbol so oft wie möglich an. Integrieren Sie es in Ihren Alltag. Carmen zum Beispiel betrachtet ihr positives Ziel-Bild, ein Feld voller Sonnenblumen, immer kurz vor Feierabend. Nun weiß ihr Gehirn, dass es sich auf andere Bedürfnisse konzentrieren soll. Das hilft Carmen, den Übergang in den Feierabend zu finden.

3. Schritt

Je häufiger Sie Ihr Ziel-Bild aktivieren, desto schneller wird im Gehirn eine Veränderung in den Nervenbahnen angeregt. Achten Sie unbedingt darauf, dass das gewählte Bild positive und angenehme Gefühle auslöst. Ihr neues Ziel soll keine unangenehmen Pflichtgefühle auslösen, kein «Jetzt musst du aber …» oder «Jetzt reiß dich mal zusammen …». Wenn Sie möchten, können Sie zusätzlich eine Atem-Entspannungstechnik anwenden. Ruhige und entspannte Atemzüge aktivieren das parasympathische Nervensystem und unterstützen eine positive Grundstimmung.

Manche Menschen reagieren stärker auf akustische Signale. Dann sollten Sie kein Bild aussuchen, sondern sich einen positiven Satz zurechtlegen, den Sie laut aussprechen und der Ihnen signalisiert, dass Sie jetzt auf ein anders Bedürfnis umschalten. Vielleicht so etwas wie «Ich strahle über das ganze Gesicht, wenn ich jetzt an meinen entspannten Feierabend denke».

Für viele Menschen ist es ungewohnt, sich auf diese Art und Weise mit einem neuen Ziel zu befassen. Oft glauben wir, wir müssen uns etwas hart erarbeiten, die Zähne zusammenbeißen oder eine Durststrecke überstehen, bevor sich etwas zum Guten wendet. Stattdessen lohnt es sich viel mehr, sich nicht auf den harten Weg der Veränderung, sondern an das Schöne am Ende des Weges zu konzentrieren.

Vor allem hier können wir von David, dem Kämpfer, lernen. Seine Stärke liegt darin, sich auf das Ziel seines Kampfes, den Riesen Goliath zu besiegen, zu freuen. Nicht grimmig, sondern fröhlich begrüßt er die ängstliche Ratsversammlung. Genau diese Einstellung gibt ihm die Kraft, die Mühen des Kampfes zu überstehen.

Und Carmen? Außer ihrem Ziel-Bild mit dem Sonnenblumenfeld hat sie sich mehrere kleine Helfer organisiert, um sich den Übergang in den verdienten Feierabend angenehm zu gestalten. Sie setzt sich jetzt jeden Morgen eine feste Uhrzeit, wann sie die Arbeit beenden wird. Spätestens eine Stunde vorher klingelt ein Wecker und sie schaltet schon mal ihr Telefon aus. Dann weiß sie, dass es ans Zusammenpacken geht. Nun werden die letzten Aufgaben mit angenehmer Hintergrundmusik erledigt. Während sie mitsummt, holt sie ihr Sonnenblumenbild hervor und stellt es vor sich auf den Schreibtisch. Die letzte halbe Stunde erledigt sie nur noch kleine Aufgaben. Ganz zum Schluss, in den letzten zehn Minuten, nimmt sie sich einen Zettel und schreibt mindestens drei Dinge auf, die ihr heute besonders gut gelungen sind. Sie weiß jetzt genau, dass ihr Bedürfnis nach Anerkennung auch zu seinem Recht kommen muss. Damit es für heute Ruhe gibt und endlich die Entspannung an der Reihe ist.

Was an Traumpartnern und Idealvorstellungen so abschreckend ist

Kleine Mädchen spielen gern mit Barbiepuppen. Da werden ganze Häuser, Autos und Puppenlandschaften aufgebaut, die eine perfekte rosarote Plastikwelt zeigen. Und inmitten dieser Traumwelt sitzen Barbie und Ken und spielen das Traumpaar.

Keine gute Vorbereitung auf das wirklichen Leben, oder? Denn Jahre später entdecken die Mädchen, dass es den Traummann gar nicht gibt, selbst wenn er so aussieht wie Ken. Und man selbst ist auch keine Barbie. Glücklicherweise.

Und trotzdem bleibt irgendetwas aus dieser Traumwelt hängen. Die Suche nach dem idealen Partner, der einen glücklich macht und mit dem man sorglos lebt, hört für manche nie auf. Doch was wäre, wenn wir ihn oder sie tatsächlich fänden? Müssten wir dann nicht genauso perfekt sein? Was also an Traumpartnern so abschreckend ist, ist nicht ihre scheinbare Perfektion, sondern das zum Scheitern verurteilte Bemühen, diesem Anspruch auch selbst gerecht werden zu müssen.

Denn die schärfste Kritik ist immer noch die Selbstkritik. Und darum soll es in diesem Kapitel gehen: Wie Sie aufhören können, übertriebenen Idealen und übertriebener Selbstkritik zu folgen. Denn wenn Sie sich so akzeptieren, wie Sie sind, hat sich die Suche nach dem Traumpartner eigentlich von selbst erledigt.

Zu klein, zu groß, zu dick, zu dünn

«Welches Kleid soll ich heute Abend anziehen?», ruft Bettina ihrem Mann aus dem Schlafzimmer zu. Während Thomas wie aus dem Ei gepellt aussieht, kann sie sich seit einer halben Stunde nicht entscheiden, welches Kleid sie wählen soll. «Hmmh», Thomas blickt skeptisch drein, als er sie von allen Seiten begutachtet. «Dreh dich mal um», fordert er. Zögernd dreht Bettina sich einmal im Kreis. Gleich wird Thomas wieder sein vernichtendes Urteil verkünden. «Wenn du zehn Kilo weniger auf die Waage brächtest, könntest du das anziehen. Aber so…» «Und wenn ich den Hosenanzug anziehe?», versucht es Bettina tapfer weiter, «da fallen meine dicken Oberschenkel nicht so auf.» Thomas legt nachdenklich die Stirn in Falten. «Zwecklos, der sah schon vor einem Jahr nicht mehr so gut aus.» Jetzt ist Bettina das Herz endgültig in die Hose gerutscht. Die Tränen schießen ihr in die Augen, als sie herauspresst: «Du könntest mich ruhig mal ein bisschen aufbauen. Sonst bleib ich eben hier, und du gehst allein.» «Jetzt hab dich doch nicht so», versucht Thomas einzulenken, «was kann ich denn dafür, wenn du deine Pfunde nicht loswirst? Du bist doch diejenige, die immer jammert.» Mittlerweile fließen Bettina die Tränen die Wangen herunter. Thomas steht hilflos daneben. «Warum nimmst du denn nicht einfach mal zehn Kilo ab?», schlägt er vor. «Oder du lässt es und bist selbstbewusst genug, dich mit deinem Übergewicht abzufinden. Du hast doch auch gute Seiten. Ignorier doch einfach dein Übergewicht und lass auf der Party stattdessen deinen Charme spielen.» «Er hat gut reden, an ihm ist ja auch kein Gramm Fett zu viel», denkt Bettina verzweifelt, aber vor lauter Tränen bringt sie kein Wort mehr heraus. Stattdessen macht sie sich Vorwürfe. Warum nur nimmt sie das alles so schwer? Thomas hingegen scheint alles ganz leicht zu nehmen. Sie versteht sowieso nicht, warum er sich keine andere nimmt. Eine mit mehr Selbstbewusstsein zum Beispiel. Eine Stunde später hat Bettina auch den letzten Funken Selbstwertgefühl in sich erstickt und beschließt, zu Hause zu bleiben. Während Thomas allein zur Party fährt.

Der innere Kritiker

Ist Thomas ein Traumtyp? Und ist Bettina zu dick? Schwer zu sagen. Selbst wenn wir sie jetzt sehen könnten, würde unser Urteil sehr subjektiv ausfallen. Fest steht, dass Bettina ihren Mann zum Traumtypen und sich selbst zum Anti-Traumtypen erklärt hat. Dabei könnte es auch genau anders herum sein. Denn die Bewertungsmaßstäbe für Traumtypen legt ja jeder Mensch selbst fest. Wenn es nicht jemanden in uns gäbe, der die freie Wahl der Bewertungsmaßstäbe so schwer machen würde: den inneren Kritiker. Erinnern Sie sich noch an den inneren Antreiber? Er ist der beste Freund des inneren Kritikers. Während der innere Kritiker unsere Leistungen kritisch beäugt, sorgt der innere Antreiber dafür, dass wir ehrgeizig und leistungsorientiert arbeiten. Der innere Kritiker beeinflusst auch die inneren Maßstäbe bezüglich unseres Aussehens, unseres Einkommens und des Lebensstandards, den wir erreichen sollten. Je strenger der innere Kritiker ist, desto höher fallen diese Leistungsmaßstäbe aus. Und dann ist es manchmal schwer, sie zu erfüllen. In solchen Fällen kann der innere Kritiker eine Quelle ständiger Unzufriedenheit sein. Hier ist sein Steckbrief:

Der innere Kritiker
– macht uns Vorschriften,
– erteilt uns Befehle,
– kontrolliert den Eindruck, den wir hinterlassen wollen,
– droht uns mit Katastrophen,
– vergleicht uns mit anderen und lässt uns schlecht abschneiden,
– hält uns Fehler unter die Nase,

Ein innerer Kritiker, der völlig freie Hand hat, wertet uns viel zu stark ab. Vom eigenen Selbstbewusstsein bleibt dann meist nicht viel übrig.

Entscheiden Sie selbst, was Sie an sich akzeptieren und was Sie ändern möchten.

Wenn Sie, wie Bettina zum Beispiel, im Vergleich mit anderen ständig schlecht abschneiden, wenn Ihr Denken, Fühlen und Handeln davon geprägt ist, einen fernen Idealzustand zu erreichen, wenn die Menschen um Sie herum Ihnen perfekt erscheinen, während Sie ständig Fehler machen, dann wissen Sie, dass Ihr innerer Kritiker zu stark ist. Denn in vielen Situationen ist Selbstkritik gar nicht hilfreich. Wie oft brauchen wir stattdessen Mut und Zuversicht. Wenn Bettina zum Beispiel auf eine Party geht, um sich zu amüsieren, braucht sie keinen Mann und keinen inneren Kritiker, der sie vorher herunterputzt. Sie sollte beide konsequent ausbremsen, bevor der Abend verdorben ist.

Wie das funktioniert, möchte ich Ihnen im nächsten Abschnitt erklären.

So, wie ich bin, bin ich richtig

Zunächst einmal sollten Sie herausfinden, was genau Ihr innerer Kritiker eigentlich sagt. Selbstkritische Sätze können nämlich sehr unterschiedlich sein. Stellen Sie sich dazu eine Situation vor, in der Ihnen etwas misslungen ist, in der Sie etwas falsch gemacht haben oder den Eindruck hatten, im Vergleich zu anderen schlecht abzuschneiden.

Hören Sie in sich hinein – welche Gedanken oder Sätze werden jetzt laut? Vielleicht diese:

«Du bist viel zu dick.» (alternativ: dünn, klein, groß)

«Du kleidest dich immer wieder unvorteilhaft.»

«Du lachst immer an den falschen Stellen.»

«Du redest zu wenig.»

«Du bist nicht ehrgeizig genug.»

«Du bist keine gute Mutter.»

Diese Sätze könnten auf jeden von uns zutreffen. Die ersten beiden Sätze beziehen sich auf das Äußere einer Person, die nächsten beiden auf das persönliche Verhalten in einer bestimmten Situation und die letzten beiden auf die Person insgesamt. Wenn Sie möchten, können Sie nun Ihre kritischen Sätze positiv umformulieren. Die folgende Übung zeigt Ihnen, wie es geht.

Bremsen Sie zu viel Selbstkritik rechtzeitig aus.

Schritt 1:
Versuchen Sie, mindestens einen kritischen Satz für jeden der drei Kategorien zu finden:

1. Ihr äußeres Erscheinungsbild
2. Typische Verhaltensmerkmale
3. Persönliche Charaktereigenschaften

Schritt 2:

Machen Sie sich klar, zu welchen negativen Konsequenzen jeder einzelne Satz in Ihrem Leben bisher geführt hat.

1. ....
2. ....
3. ....
4. ....
5. ....
6. ....

Schritt 3:

Ich kann mir vorstellen, dass Sie den einen oder anderen Satz des inneren Kritiker durchaus beherzigen möchten. Überlegen Sie ganz genau, ob der innere Kritiker in einigen Punkten vielleicht sogar recht hat. Möglicherweise möchten Sie wirklich an Gewicht zulegen oder abnehmen. Vielleicht möchten Sie wirklich ehrgeiziger werden oder eine bessere Mutter. Was immer das auch bedeuten mag, bestimmen Sie selbst. Es ist Ihr Leben. Ihr innerer Kritiker gibt Ihnen nur Denkanstöße, welche davon Sie umsetzen, entscheiden Sie selbst.

Schreiben Sie nun auf, welche Kritiker-Sätze in die Tat umgesetzt werden sollen und welche Sie nicht weiter verfolgen, sondern positiv umformulieren möchten.

Folgende Sätze möchte ich beherzigen:

1. ....
2. ....
3. ....

Folgende Sätze sollen in Zukunft nicht mehr gelten und müssen positiv umformuliert werden:

1. ....

2. ....

3. ....

Schritt 4:

Der letzte Schritt dieser Übung ist wahrscheinlich der schwerste, denn nun sollen Sie die negativen Kritiker-Sätze positiv umformulieren. Um eine gute Formulierung zu finden, die nur zu Ihnen passt, sollten Sie sich zunächst klarmachen, was Sie an sich, an Ihrer Person und an Ihrem Verhalten akzeptieren.

Was immer es auch ist, schreiben Sie es auf und lassen Sie diesen positiven Satz zu Ihrem Begleiter im Alltag werden.

Hier eine Auswahl:

- «Ich mag meinen Körper, so wie er ist. Ich mag die kleinen Fettpölsterchen an meinem Bauch und finde mich schön.»
- «Ich lasse mir Zeit, bevor ich einen fremden Menschen anspreche. Ich beobachte gerne, bevor ich was sage.»
- «Als Mutter habe ich Stärken und Schwächen. Ich liebe meine Kinder und tue mein Bestes.»

Lassen Sie sich Zeit, bis Sie den richtigen Satz für sich gefunden haben. Er wird Ihnen helfen, in Zeiten der Unsicherheit wieder festen Boden unter den Füßen zu bekommen.

Träume für die Zukunft

Positiv formulierte Kritiker-Sätze sind wie Vorboten einer neuen Zukunft. Sie weisen Ihnen den Weg, wie Sie zufriedener sein können, indem Sie sich und die Situation so akzeptieren, wie sie gerade ist.

Die Trainerin und Autorin Regina Först hat sich besonders intensiv mit positiver Ausstrahlung und den damit verbundenen positiven Glaubenssätzen beschäftigt. Sie hat festgestellt, dass Menschen, die ihre Ecken und Kanten akzeptieren, eine positivere Ausstrahlung haben als Menschen, die nur an sich herumnörgeln.

Zum Abschluss möchte ich sieben positive Glaubenssätze von Regina Först zitieren, die Ihnen helfen, sich selbst so anzunehmen, wie Sie eben sind. Sie lauten:

– Ich bin einzigartig.
– Ich mag mich, wie ich bin.
– Ich lenke meine Gedanken.
– Ich kenne mich selbst.
– Mein Leben ist Liebe.
– Ich kenne meine Ziele.
– Ich kenne meine Wirkung.

(aus: Regina Först, Ausstrahlung. Wie ich mein Charisma entfalte, Kösel Verlag, 2002)

Stellen Sie sich vor, Bettina mag sich so, wie sie ist, mit ein paar Pfunden zu viel, mit ihrer Unsicherheit, mit ihren Zweifeln. Und nun steht sie vor dem Spiegel und denkt: «Auch wenn ich keine Traumfigur habe, sehe ich in diesem roten Kleid einfach umwerfend aus. Was wäre, wenn Thomas nun dazukäme und ihr sagen würde, sie sei zu dick für das rote Kleid? Vielleicht würde sie sagen: «Na und? Ich finde mich in dem Kleid toll.» Dann wären sie quitt – sie ist mit dem roten Kleid nicht seine Traumfrau und er ist wegen des Herumkrittelns nicht ihr Traumtyp. Wahrscheinlich ist das die beste Voraussetzung, um auch in Zukunft eine glückliche Beziehung zu führen.

Nachwort: Manche Dinge ändern sich nie

«Das ist doch alles Käse», schimpfte Stefanie, «ohne Raumplanung kann man doch keine Seminare koordinieren.» Bereits seit einer Stunde hatte sie sich mit ihrer Kollegin um die richtige Vorgehensweise gestritten. Beide waren für die Schulungskoordination ihrer Abteilung zuständig und mussten sich tagtäglich abstimmen. Doch in einigen Punkten klappte das gar nicht. Während Stefanie nach einem vorher festgelegten gemeinsamen Fahrplan vorgehen wollte, bestand ihre Kollegin Anna darauf, manche Dinge spontan regeln und planen zu können. Der Konflikt zwischen den beiden Kolleginnen hatte sich derartig zugespitzt, dass der Vorgesetzte mich als Beraterin dazugebeten hatte. In einer Mediation sollte ich helfen, den seit einem Jahr andauernden Streit endlich beizulegen.

Doch anstatt sich zu einigen, gingen die beiden Frauen wie Kampfhennen aufeinander los. «So lass ich nicht mit mir reden», schlug Anna zurück, «wie kommst du dazu, meine Arbeit als Käse zu bezeichnen.» «Aber es stimmt doch», rief Stefanie, «das musst du doch einsehen! Wenn wir eine bestimmte Reihenfolge nicht einhalten, geht doch alles durcheinander.» «Ich sehe gar nichts ein», schmollend verschränkte Anna die Arme und lehnte sich zurück. «Und eines steht fest: Ich ändere mich nicht. Und wenn ihr euch auf den Kopf stellt!»

Das saß. Ratlos schauten wir uns an. Was würde jetzt passieren?

Wenn Anna sich sowieso nicht ändern wollte, warum sollten wir noch weiter verhandeln?

Ich kann mich sehr gut erinnern, wie hoffnungslos und verfahren die ganze Situation in diesem Moment schien. Wie eine unüberwindbare Mauer stand dieser Satz im Raum: «Ich ändere mich nicht.» Auch wenn es keiner von uns direkt aussprach, wir drei wussten genau, dass dieser Konflikt nur gelöst werden konnte, wenn eine von beiden oder am besten sogar beide sich ändern würden.

Manche Menschen ändern sich nie. Damit verfahrene Situationen sich trotzdem lösen, hoffen sie insgeheim, der andere möge sich ändern.

Wenn es um Veränderung geht, sind wir genauso bequem wie unser Gehirn. Der andere soll bitte schön den Anfang machen. Und wenn der auch nichts macht, dann bleibt eben alles beim Alten. Dann kann man anschließend beruhigt sagen: «Ich wäre ja bereit gewesen, aber es ging nicht. Anna hat sich geweigert.»

Veränderung = Mut + Glaube + Ziel

Ich glaube nicht, dass es Dinge gibt, die man nicht ändern kann. In unserer Welt haben sich schon so viele Dinge geändert, von denen wir geglaubt haben, sie seien in Stein gemeißelt: Die Mauer zwischen West- und Ostdeutschland ist gefallen, die Apartheid in Südafrika wurde beendet. Und auf den Mond können wir schon lange fliegen.

Doch wenn Menschen sich nicht verändern wollen, dann haben sie mit Sicherheit gute Gründe dafür. Vielleicht ist der Zeitpunkt doch nicht der richtige. Vielleicht fehlt ihnen noch das Ziel im Kopf, für das es wert ist, sich zu ändern. Manchmal fehlt einfach nur der Mut, den ersten Schritt zu gehen.

Wenn diese auslösenden Momente fehlen, ist es besser, alles so zu lassen, wie es ist.

Wenn David ohne Steinschleuder gegen Goliath gekämpft hätte, wäre er verloren gewesen. Wenn er ohne den festen Glauben an Gott und an sich selbst in den gefährlichen Zweikampf gegangen wäre –

der Riese hätte ihn sofort zermalmt. Nur weil David ganz genau wusste, auf welche Ressourcen er zurückgreifen und an was er glauben konnte, war er stark und konnte siegen.

Wenn wir uns verändern wollen, brauchen wir diese Kraft und Stärke. Stärke bekommen wir entweder aus einer guten Beziehung zu uns selbst oder aus einer guten Beziehung zu einem anderen Menschen. Denn das ist ein weiterer wichtiger Beweggrund, sich zu verändern: weil ein anderer Mensch uns wichtig ist. Weil wir ihn oder sie lieben und die Aufrechterhaltung der Beziehung wichtiger ist als der eigene Standpunkt.

Nur weil Anna und Stefanie sich im Grunde mögen, möchten sie ihre Arbeitsbeziehung fortsetzen und finden eine Lösung für ihren Konflikt.

«Warum soll eigentlich alles so bleiben wie es ist?», fragte ich Anna, nachdem wir uns eine Weile angeschwiegen hatten. «Weil ich so wie bisher eben sehr gut arbeiten kann. Ich bin ein spontaner und impulsiver Mensch. Mir ist es wichtiger, mal vom Plan abzuweichen, wenn ich dafür den Kunden optimal bedienen kann.» «Das ist also Ihre Stärke», fasste ich zusammen, «auf den Kunden eingehen und Pläne spontan umwerfen, wenn etwas dazwischenkommt?» «Ja, das kann ich sehr gut, und diesen Freiraum will ich mir auch erhalten.» «Das stimmt», meinte Stefanie, «improvisieren und ruhig bleiben, wenn alles auf einmal auf uns einstürmt, das kann Anna gut.» Ich fragte Anna, was Stefanie gut kann. «Sie geht immer sehr systematisch vor. Bevor wir loslegen, macht sie erst einmal einen Plan. Ein Großteil der Zwischenfälle, die unerwartet auf uns zukommen, hat Stefanie in ihrer Planung bereits berücksichtigt.» «Und den anderen Teil improvisieren Sie dann mit Ihrer ruhigen Art?», fragte ich zurück. Anna nickte und lächelte. Stefanie hatte den Hinweis ebenfalls verstanden und schmunzelte. «Da ergänzen Sie sich ja eigentlich ganz gut, oder?» Ich blickte in die Runde. Ganz plötzlich hatte sich die Stimmung völlig verändert. Man merkte, dass die beiden sich im Grunde mögen und schätzen.

In dem Moment, in dem das spürbar war, konnten wir weiterarbeiten.

Liebe Leserin, lieber Leser, was möchten Sie in Ihrem Leben verändern? Und was soll so bleiben, wie es ist?

Halten Sie für das, was Sie verändern möchten, alles bereit? Steinschleuder, ein Ziel, den Glauben an sich selbst und eine große Portion Mut?

Ich wünsche Ihnen zweierlei: Gelassenheit, wenn alles so bleiben soll, wie es jetzt ist, und Mut, wenn Sie jetzt, indem Sie das Buch zur Seite legen, wichtige Dinge in Ihrem Leben verändern möchten. Ganz gleich, für was Sie sich entscheiden, schreiben Sie mir, was daraus geworden ist. Ich freue mich auf Ihre E-Mail: info@utezander.de.

Dank

Kein Buch entsteht von allein, deswegen möchte ich mich bedanken. Vor allem in den Phasen der Vorbereitung und in der heißen Phase des Schreibens war ich froh, dass viele Kollegen und Freunde mit Rat und Tat zur Seite standen.

Zuallererst möchte ich Oliver Gorus und Jörg Achim Zoll von der Agentur Gorus danken: für eine sehr gute konzeptionelle Beratung und die wertvolle Unterstützung beim Schreiben. Lieber Herr Zoll, nicht immer habe ich gern in den sauren Apfel der Textkritik gebissen, aber gelohnt hat es sich schlussendlich doch!

Besonders gefreut habe ich mich über die unkomplizierte und persönliche Beratung durch Pia Hiefner-Hug vom Orell Füssli Verlag. Den letzten Schliff verdanke ich den guten Anregungen meiner Lektorin Anke Hees.

Wichtige Hintergrund-Infos kamen von Almuth Wittler und Micha Ippen.

Mein besonderer Dank geht an Stefan, nicht nur für die unzähligen kritischen Anmerkungen, die mich jedes Mal weitergebracht haben, sondern vor allem für die Geduld, mich in allen Höhen und Tiefen des Schreibens zu begleiten.

Hamburg, im November 2009

Register